THE TEN PRINCIPLES BEHIND GREAT CUSTOMER EXPERIENCES

Matt Watkinson

体验制胜

极致消费者体验的10大黄金法则

[英] 马特·沃特金森 著

何正云 译

湖南科学技术出版社

图书在版编目（CIP）数据

体验制胜：极致消费者体验的10大黄金法则 /（英）马特·沃特金森著；何正云译. -- 长沙：湖南科学技术出版社，2019.5
 ISBN 978-7-5710-0077-6

Ⅰ.①体… Ⅱ.①马… ②何… Ⅲ.①消费心理学Ⅳ.①F713.55

中国版本图书馆CIP数据核字(2019)第007425号

著作权合同登记号：18-2019-033
中文简体字版权专有权归湖南科学技术出版社所有
THE TEN PRINCIPLES BEHIND GREAT CUSTOMER EXPERIENCES
978-0-273-77508-9 by Matt Watkinson, Copyright © Matt Watkinson 2013 (print and electronic)
This translation of The Ten Principles Behind Great Customer Experiences is published by arrangement with Pearson Education Limited.
Simplified Chinese Translation copyright © 2019 by Hunan Science&Technology Press.
ALL RIGHTS RESERVED

本书封面贴有Pearson Education（培生教育出版集团）激光防伪标签，无标签者不得销售。

TIYAN ZHISHENG JIZHI XIAOFEIZHE TIYAN DE 10 DA HUANGJIN FAZE
体验制胜　极致消费者体验的10大黄金法则

著　　者：[英]马特·沃特金森
译　　者：何正云
责任编辑：李　柔　汤伟武
出版发行：湖南科学技术出版社
社　　址：长沙市湘雅路276号
　　　　　http://www.hnstp.com
湖南科学技术出版社天猫旗舰店网址：
　　　　　http://hnkjcbs.tmall.com
印　　刷：长沙鸿和印务有限公司
　　　　　（印装质量问题请直接与本厂联系）
厂　　址：长沙市望城区金山桥街道
邮　　编：410200
版　　次：2019年5月第1版
印　　次：2019年5月第1次印刷
开　　本：880mm×1230mm　1/32
印　　张：9.5
字　　数：170000
书　　号：ISBN 978-7-5710-0077-6
定　　价：48.00元
（版权所有·翻印必究）

序

学生时代,我总是对物理学很着迷。究其原因,除了对机器和机械玩具特有的一直延续至今的浓厚兴趣之外,它最让我着迷的一点是,即使是最复杂的工程挑战,都可以追溯到一些坚实的原理。在飞机、火车和汽车这些领域,每当工程师们面对新的挑战,物理定律会为他们提供一个很好的切入点,而且,如果一个解决方案行不通,还可以利用这些定律建立起解决问题的架构。

我还爱好摄影和音乐,它们也有自己特有的法则。这些法则不会对创作产生任何限制,反而给艺术家提供了一种必须遵循的框架,从而赋予他们更大的创作能力。许多人似乎从一开始就本能地掌握了这些法则,但即使他们不具备,通过努力学习和不断练习,也可以成为一种本能。打破这些法则通常会产生巨大的影响,但有意这样做的话,要心怀想法。

日本武士宫本武藏(Miyamoto Musashi)在他充满传奇色彩的兵书《五轮书》(*The Book of Five Rings*)中,对"斩"

(strike)和"砍"(hit)的差异做了说明。他认为,"斩"是有意识的,是故意的,而"砍"则不然(即便取得了击杀对手这样的预期效果)。

按照物理学定律设计出一种机械属于"斩"。对事物进行修补完善,以期提高性能是"砍"。"斩"的成功是可以复制的;而"砍"最好的结果是低效,最坏的结果是碰运气。

几年前,我开始产生一种挥之不去的不安,我发现相当多的消费者体验属于"砍"而非"斩"的那一类产品。在大多数情况下,我们的决策没有建立在对大脑如何工作的理论认知上,这就与工程师使用物理定律的方式存在着天壤之别。大多数低质量的消费者体验足以证明这一点。

相反,我们最终得到的是设计者对正确事物的潜意识感受、利益相关者的主观意见,以及一堆唬人的理论信条搅和在一起的大杂烩。开不完的研讨会、头脑风暴和协调会,成了大型机构日常工作的常态,然而,根据我的经验,这些做法更多的是为了让大家都有表达的机会,而不是为了找到取得更好结果的方法。我们最终用越来越复杂(也更昂贵)的数据分析工具和纷繁冗长的设计流程来弥补我们对理论认知的不足。

作为消费者,我们的体验往往令人沮丧、失望甚至怒火中烧。企业也在为此付出代价,而且是真金白银的代价——大量的时间和其他资源最终都是由他们买单。

本书想做的就是改变这些状况。书中提出了10条简单的法则，能帮助你改善产品和服务，无论是什么产品和服务，无论业务规模大小如何。我已经见证了它们在很多地方所发挥的作用，小到我们当地的咖啡馆，大到价值数十亿英镑的大公司。这些法则能帮助你从目前的服务中找出可以改进的领域，也能够促成全新的想法。它们既适用于大的原则性问题，也适用于细小的特定问题。甚至在不知不觉间，你很可能就应用了其中的很多条。如果你是一个设计师，或者已经是这方面的专家，你可以利用它们作为你现有工作方法的补充。

这些法则来自于心理学理论，虽然我自己不是心理学家，但是，我做设计顾问的诸多经历已经非常肯定地验证了这些法则，我收入本书中的案例也是佐证，希望这些例子能够对大家有所启发。

我还想证明，要为消费者打造完美的体验并不需要付出太多。它不需要大量的专家，也不需要高科技设备和花哨的工艺，它只需要有意识的、缜密的且有条理的思考。最重要的是，这不是专家的独有领域。跟随这些法则，任何企业中的任何人应该都能为让消费者的生活变得更轻松而做出贡献。

马特·沃特金森
牛津郡茅尔斯福德
2012年6月24日

鸣　谢

写作是一项团队性的工作，团队在其中的作用远远超出很多人的想象，因此我需要感谢下面这些人。首先要感谢的是我的代理人约翰·塞夫雷特（John Syfret）、帕特里克·沃尔什（Patrick Walsh）以及凯特琳·怀特（Kathryn White），他们帮助我把最初的想法搭成了框架；约翰·沃特金森（John Watkinson）、霍华德·沃特金森（Howard Watkinson）、迈克尔·瑞谢尔（Mikael Reichel）和本·史密斯（Ben Smith），他们花时间通读了我早期的初稿——因为他们的贡献，使得终稿比初稿好出了无数倍；还有那些花时间回复我提出的有关他们著作问题的作家，主要是斯蒂芬·贝利（Stephen Bayley）、罗伯·沃克尔（Rob Walker）、小罗伯特·霍克曼（Robert Hoekman Jr.）以及克里斯托弗·威肯斯（Christopher Wickens）。还要感谢凡娜莎·唐娜丽（Vanessa Donnelly），在过去的三年里，她就像块共鸣板一样激发着我的思维不断延伸；还有阿瑟·奈斯（Arthur Nurse）做了绝佳的图表设计；以及培生（Pearson）的编辑团队,尤其是克里斯托弗·卡德莫尔(Christopher Cudmore)。此外,来自朋友、家人和同事的支持是非常宝贵的:玛莎·薇姿谢尔(Martha Wiltshire)、迈克·"轰炸机"·雷诺兹(Mike "Bomber" Reynolds)、克莱尔·杜伦特(Claire Durrant)、本·华尔(Ben Wall)、罗伯·塞夫雷特(Rob Syfret)、威尔·贝克(Will Baker)、帕诺斯·达玛斯吉尼蒂斯(Panos Damaskinidis)、伯纳德·格林威尔·琼斯(Bernard Grenville-Jones)以及威尔·思科约特(Will Skjott)。最后,还要感谢我的妈妈安妮特·沃特金森(Annette Watkinson),她教会了我很多东西,其中最重要的是,生命是短暂的——现在就开启你一直梦想完成的计划吧!

导　语

这本书要讲什么？

本书提出了10条简单的法则，适用于任何关于消费者体验的改进。无论你是提供产品还是服务，是大企业还是小公司，是实体店还是网店，全都不重要，这些法则放之四海而皆准。

这是一本实用的书——重点放在当下你能做的具体事情上，让消费者的生活发生真正的改变。将这些法则付诸实践不需要任何专业知识或经验，书中没有专业术语或补白，当复杂概念出现时，也都以简单明了的方式呈现。我希望，那些小企业主、梦想开创自己公司的潜在企业家、专业设计人员、管理者和领导者都能开卷有益。

本书所给出的建议都基于我与各种机构合作多年的实践经验，这些机构中，有小型的当地企业和初创公司，也有横跨多国的数十亿英镑交易额的大公司，包括广告、医疗、交通、旅游、金融和电信等不同行业。也就是说，请你们相信：书中提出的所有要点都是由心理学、哲学、设计以及企业管理等领域的严密理论来支撑的。

什么是"消费者体验"？

对于"消费者体验"这个词的含义，目前还没有一个统一的定义，所以，在我们进一步讨论之前，我个人尝试着给出一个有用的定义：

消费者体验是指个人与企业（包括其产品或服务），在任何时候进行交叉互动时的定性问题。

我将对这个定义做些分解，解释一下我是如何以这种方式进行阐述的。

我用"定性"这个词来反映一个事实，即体验是由个人的感官和心理能力所获取的，它不像利润、成本、重量或者任务完成时间那样能进行量化。换句话说，体验不是你做了什么，而是你如何做。不是产品或服务的特性和功能允许我们做什么，

导 语

而是它让我们感觉如何。

我在定义中更喜欢用"个人"而不是"消费者"。与企业产生的重要互动，很多都出现在成为真正的消费者之前：像逛商店，等待服务或者看广告。所以很多网站或者软件设计人员用"用户体验"一词来反映与产品或服务互动的人群，因为他们不一定是真正的消费者。我使用"个人"一词而不是"用户"，是因为本书的范围超出了网站和软件，包括任何产品或服务。

消费者体验并不局限于产品或服务的使用，它涵盖了客户与企业及其提供的所有服务之间的全部互动，明确这一点很重要。它包罗万象，从观看广告到取消合同，或者是产品不再使用时的处理方式。我们将会看到，很多在通常情况下被忽视的互动，能够让我们从竞争中脱颖而出。另外，因为体验囊括了所有的互动，就不应该把企业与相关个人的关系，局限于某一个时间段或者某一个特定的点上：他们可能是潜在客户、新客户、做回头生意的忠诚客户；甚至可能是去往外地发展的客户，或者是不再需要我们的产品和服务的客户。

我们真正购买的是体验，而不仅仅是产品或服务。消费者体验包罗万象，来自于众多部门的共同努力，包括市场营销、品牌管理、产品设计、服务设计、互动或者用户体验设计（数字领域的人经常提到它），以及客户服务，等等。它也直接关系到业务的核心：运营、战略和财务都在决定消费者体验的工作中发挥着作用。在本书中，我们将探讨这些不同的专业领域和部门中，有哪些会对消费者体验产生影响。

快速指南

本书力求以短小易懂的方式撰写。目标是通过这样的方式，让读者在半小时上下班的路上，每天读完一个章节，或者在跨洋航班上整本读完。也就是说，如果你真的很忙，你可以先阅读每章标题后面介绍性内容提前确定对本章内容是否感兴趣；每章的结尾也都做了本章的要点小结。

前两章解释了为什么消费者体验在当今的企业中如此重要，以及为什么很多企业都在竭尽全力地作出改进；随后，第三章对这些法则做了总体介绍。从某种程度上说，每一章都可以独立成篇，但第四、第五和第六章形成了一个整体框架，以引出其余的法则：第四章讲的是认识消费者自身，第五章帮助你找准目标，第六章帮助你以这种方式构建消费者体验，让每一次互动都产生应有的作用。因而，我建议按顺序阅读完这部分内容后，再进入到其他法则的学习中。

网站内容

我在下面的网站上提供了一套免费下载的工作表格,能够帮助你把这些法则应用到实际中:

www.mattwatkinson.co.uk/worksheets

我谨借此机会感谢你购买了这本书,如果有任何关于本书文字或法则方面的问题或反馈,以及你如何使用它们,欢迎你与我联系。我也很高兴你能和我分享你的消费者体验。我会把这些故事在网站上发布分享,让所有人都能从中受益。我的电子邮件地址是:

mw@mattwatkinson.co.uk

目 录

第一章　为什么消费者体验如此重要 …………… 001

第二章　为什么消费者体验得不到改进 …………… 027

第三章　极致消费者体验的 10 大黄金法则 …………… 043

第四章　法则一：强烈体现消费者的身份认同 …………… 057

第五章　法则二：满足消费者更高的目的 …………… 077

第六章　法则三：注重细节 …………… 099

第七章　法则四：设定期望，然后满足期望 …………… 129

第八章　法则五：体验是轻松、不费力的 …………… 153

第九章　法则六：体验是没有压力的 …………… 173

第十章　法则七：让消费者的感官得到满足 …………… 191

第十一章　法则八：体验是一种社会交际 …………… 213

第十二章　法则九：让消费者处于掌控地位 …………… 233

第十三章　法则十：考虑消费者的情绪情感 …………… 255

第十四章　综合在一起——苹果公司（Apple）的消费者体验 …………… 277

第十五章　最后的想法 …………… 285

第一章

为什么消费者体验如此重要

本章试图回答一个问题：如果消费者体验如此重要，为什么它又通常做得如此差劲？本章还阐明了当下的社会和技术变革，它们唤起了人们对消费者体验这一领域新的兴趣，以及这些变革在未来对企业意味着什么。

第一章　为什么消费者体验如此重要

我家附近的村里有个很棒的小餐馆。他们提供的餐食价廉物美，氛围友好舒适，店里的工作人员能叫出很多客人的名字，这家餐馆俨然成为我们这个相对较小社区的社交中心。餐馆里除了可以用餐，还出售当地的手工艺品。餐馆老板对工作很尽心，他们对生意的热情显而易见，不仅体现在食物的质量上，还体现在细节上。露天的椅子上摆放着折叠整齐的小毯子，还会为顾客带来的小狗准备一碗水。

这家餐馆从来没有打过广告，因为根本就不需要。从几年前开业的那一刻起，这家餐馆的口碑就像野火一样迅速蔓延。就在这家餐馆刚开业不久后的某天下午，我驱车路过餐馆，看到外面全是人，不禁留意起了这个地方。要想在这里找张桌子吃早餐是需要提前预订的，而且从开门营业的那一刻起一直到打烊，这里基本上都是人满为患。这家餐馆从来不打广告还有另一个原因，媒体会主动为其做宣传。去年，《独立报》(Independent)将它评为全英国排名第7位的最佳早餐店，这对于一个乡村小餐馆来说，是个很了不起的成就。这家餐馆还上了维特罗斯(Waitrose)超市的杂志，这个超市也因其良好的消费者体验而闻名。

不过他们的成功并不是所有人都想效仿。路边不远处的那家酒馆基本上就门可罗雀。屋内光线昏暗，食物质次价高，服务乏善可陈，也没有那种亲切友好的氛围。整个地方似乎都笼罩着一种阴郁的气氛。

就在这家酒馆的新老板接手后不久，我觉得试试不同的地方应该也是不错的选择，便在这家酒馆为自己的生日晚宴订了张大桌子。当时有几个朋友临时通知我有事无法前来，酒馆经理发现实际人数少于预定人数时，对我一阵痛斥。"你知道这对我们的备餐工作会造成什么样的影响吗?!"他咆哮道。当然，这事还没完，当晚的饭菜很糟糕，饮料被搞乱了，而且有一位客人的餐压根就没上。

那天晚宴结束的时候，我怒火中烧，又非常尴尬。我对经理说，等第二天再回来讨论如何善后，因为当时心情太糟糕，根本没办法理清头绪。次日，经理道了歉，并且给我提供了周末含食宿的双人度假套餐作为补偿。尽管我就住在附近，自己不会需要住宿，但我还是接受了他的提议，心想着可以送给哪位想在乡村度周末的朋友。

很快，酒馆的老板亲自联系我，他已经知道了所发生的事情。他要我再去一次，再沟通一下。他没有像我期望的那样亲自道歉，而是以毅然决然的口吻告诉我，经理的提议不会生效。他不会给不付钱的当地人提供周末住宿，他们的经营举步维艰。他一直都很不开心，告诉我那位经理已经被炒了鱿鱼。随后，他给我提出了另外一个他觉得合适的新补偿办法。他走到吧台后面，拿出了两小罐果酱。

这两个例子似乎属于两个极端，隐藏在两个结果后面的意义也都是老生常谈。餐馆专注于取悦消费者，以确保他们的生

第一章 为什么消费者体验如此重要

意可持续性盈利。他们所关心的不仅是食物，而是整体的消费者体验：服务、装饰、社区的氛围，还有那些细心周到的小心思。消费者则报之以忠诚，为他们做义务宣传。

而酒馆太专注于利润，几乎把消费者当成了恶魔。酒馆老板经常不在店里，与消费者和社区失去了联系。体验中充满了各种相互冲突的期望，最明显的是他们精心塑造的形象和令人失望的现实之间的矛盾，而那些让餐馆吸引人的体贴周到的细节则完全不见踪影。一句话，他们把自己最想要的放在了最优先的位置。而对于这个最朴素的真理——没有消费者就根本不会有生意，他们则完全置之不理了。

这个故事告诉我们，如果专注于让消费者满意，同时又能实现应得的收入，那么利润就会成为企业的一份不错的副产品，而企业也获得了更大意义上的成功。你因为对人们的生活做出了积极的贡献而感到高兴，消费者也不会对你的成功有任何不满。事实上，他们不仅没有不满，还会回报以他们的忠诚，自发为你们做宣传。

然而，如果只注重自己的利润最大化，就会做出与消费者利益相冲突的决策。就像酒馆老板那样，开始想着走捷径，为了赚快钱不惜在质量上打折扣；只会说大话，使小钱。最终还是需要解决消费者的负面反馈，并想办法挽回那些永远不会再来的消费者：可能是降价，或者投入更多的广告，这两项工作都要蚕食掉你所追求的利润。

为了追求利润而沉迷于利润是一种向下的螺旋运动，与大部分沉迷的形式一样，最后的结果都是让那些遭大多数人唾弃的行为成为常态，无论是道德上的还是道义上的。思考一下下面几则新闻故事。

- 有报道称，就在惠特妮·休斯顿去世的消息公布不到30分钟，她的《终极精选》唱片在苹果商店的售价就被唱片巨头索尼音乐公司从4.99英镑涨到7.99英镑。这一行为被歌迷形容为无耻和恶心。
- 英国电信监管机构通信管理局不得不出手以"减轻对消费者的伤害"，提醒移动服务提供商注意他们的"收费透明义务"。因为调查发现，在过去的6个月内，有140万移动电话用户"可能因意外的骇人账单而受到影响"。某些宣称提供无限数据流量的套餐，实际上在合同的小字细节中隐藏了限制。
- 零售银行业正面临客户信任危机，深受对于乱收费投诉的困扰。消费者组织"Which?"发现，很多未经授权透支的费用，就算在读的数学博士也无法准确地计算出来，每4例这样的透支中就有2例是糊涂账。英国广播公司报道称，桑坦德银行（Santander）对一位透支100英镑、期限为28天的客户收取了相当于年利率为819000%的费用。

这种局面对任何人都没有好处。消费者的疑心日趋严重，不仅针对广告内容，而且也针对整个企业界。这样的做法不仅是不可持续的，甚至也不符合企业自身的利益。问题在于，如果专注于让消费者满意对大家都更有益处，那我们最终是如何陷入这种困境的呢？

工业革命

造成我们当前局面的原因，可以在18世纪下半叶找到端倪，那时，机器大生产的时代来临了。这不仅创造出一个大规模生产产品的时代，而且也因为大规模经济扩张的出现，引发了对这些产品的需求。很多人第一次买得起超出基本需求的物品，并通过拥有的物质财富，来彰显自己刚建立起来的社会地位。

第一次，商品不再只是以客户直接委托工匠的方式进行生产。事实上，在世界的另外一个地方生产商品，成了一件完全可能的事情。通过把负责生产的人与目标消费者隔离，工业革命也催生出了跟我们现在概念里完全一致的设计和市场营销专业人士。

大规模生产需要一种合理、有序的流程，不像工匠那样一个人从头做到尾，所以，设计变得至关重要。不仅需要制作模具和图案，而且，为了生产出一模一样的，且拜规模经济所赐，让人能够买得起的商品，还需要有技术图纸。另外，不同于工匠为委托人生产的东西，大规模生产的商品对于潜在消费者而言，并不是马上就能看到。不知道商品的存在就不可能产生购买，所以，市场营销应运而生。不仅现在的设计成为一门独立于生产的学科，而且设计与生产二者的工作，与消费者也是隔离的。为了覆盖与大规模生产相关的巨大的前期成本，"就需要寻找出针对市场和销售更强有力的办法……而生产起着决定性作用。"

19世纪末期出现了科学管理，这种方法由弗雷德里克·温斯洛·泰勒首创，他一直在寻求提高工业生产效率和生产力的途径。泰勒尽可能让工艺流程标准化，目的是提高生产效率，同时降低对工人技能和工作强度的要求。这种做法进一步促进了劳动分工，工人们通常在流水线上从事高度重复的工作。

泰勒的方法对企业产生了恒久的影响，他堪称我们现在所说的营运管理与业务流程工程的鼻祖。一种以效率、理性和痴迷于量化检测为主导的文化，在现代企业中依然存在，这个话题我将在下一章做详细探讨。

当然，无论是大规模生产还是对效率的孜孜以求，都不一定与消费者的利益相左。工业化时代也让产品不再贵得离谱，让所有人都能买得起。由于这些进步，我们的生活水平也大大提高了。而且众所周知，我们的现代生活方式也正是这次工业革命的产物。很多大规模生产的商品拥有着令人难以置信的使用寿命,为数十亿人提供了持续的快乐之源。

股东价值最大化

在20世纪50—60年代美国蓬勃发展的经济中,工业革命期间如日中升的消费主义达到了新的高度。在广告业黄金时代的刺激下,形象就是一切,对现实反而毫不在意。在《纽约时代杂志》(New York Times Magazine)1970年的一篇文章中,密尔顿·弗里德曼(Milton Friedman)这位诺贝尔奖得主,同时也是20世纪最有影响力的经济学家,分享了他的理念,他说:"企业有且只有一个社会责任,就是利用其资源从事旨在增加其利润的各种活动,只要遵守游戏规则,也就是说,它参与公开和自由的竞争,不欺骗也不欺诈。"

基于这种观点,两位经济学教授在1976年撰写的一篇文章中,将继续定义我们今天所见的大型组织。这篇名为《公司、管理行为、代理成本与所有人结构理论》(Theory of the Firm, Managerial Behavior, Agency Cost and Ownership Structure)的文章提出,公司高管(代理人)与股东(委托人)之间存在着内在的利益冲突。由股东雇佣的高管们为了获得最大的回报,他们会在工作中天然地倾向于自己,将自己的利益置于股东之上。这个理论就是"代理理论"(agency theory),或者叫"委托代理问题"(principal-agent problem)。

作者引用了弗里德曼的说法,认为公司的主要目的是要让股东的回报最大化,并得出结论:要解决委托代理问题,高管和股东的目标可以通过用公司股份来补偿高管的方式达成一致。从逻辑上推断,这将会极大地刺激他们为股东增值,因为这也将相应地增加他们的报酬。

在这本精彩的《搞定游戏》(*Fixing the Game*)一书中,作者罗杰·马丁(Roger Martin)解释了这个理论的现实应用,它不仅导致了当下的消费者关系危机,还是过去十几年金融危机的元凶。从安然公司(Enron)的财务欺诈,到倒签期权丑闻,再到后来让世界经济陷入衰退的次贷危机,它都脱不了干系。

这个理论在现实世界中的问题在于,它把首席执行官的注意力从消费者、产品和服务的真实市场,转移到了交易员和分析师的预期市场。马丁拿美国橄榄球的例子进行了解释,首席执行官的薪酬与股票价值密切相关,就像球队通过押注自己的比赛成绩而获得报酬一样。这种做法不用想我们都能猜出结果:它会彻底毁掉比赛,引起球迷的极大愤慨。而这通常就是大型企业所采取的方式。

专注于股东价值最大化,将首席执行官陷入了与客户利益相冲突的境地,因为要同时完全满足真实市场和预期市场是不可能的：谁都无法打造出一款最能取悦消费者的产品或服务，同时在未来三个月内实现利润最大化。

面对两难的选择，首席执行官关注的一定会是预期市场，不仅是动机使然，而且操纵股票市场的预期，或者叫"赌博游戏"，要比为消费者创造真正的精彩体验简单得多。这不仅是消费者的损失，更是整个公司的损失。《财务与经济杂志》(*Journal of Accounting and Economics*)公布的调研结果揭示出一个惊人的发现："绝大部分经营管理者都坦言，为满足预期市场的奇思妙想，他们会不惜牺牲公司的未来。"

不可避免的结果是，消费者、员工，以及具有讽刺意味的是，甚至股东，都将遭受损失。为了短期利益，企业精神和价值观消失了，组织的长期健康被牺牲了。"随着时间一年又一年地过去，企业的道德威望在逐步丧失，因为企业的所作所为及其领导人的贪婪让消费者、员工和普通民众感到越来越震惊。"

回到之前的主题上，我们必须指出，尽管股东价值理论似乎是导致当下消费者与企业关系恶化的元凶，但是如果没有商业界过去数百年来的积弊，这种情况也不会发生。随着企业的成长，企业与消费者之间的距离也在拉大。很多首席执行官及高管们与消费者，以及负责这些业务的大部分员工，相互间的直接联系很少，甚至没有。他们很多人肯定相互不认识。因为看不到消费者，也就很容易忽略他们，所以，很容易做出与他们利益相冲突的决策。也有人认为，盛极一时的市场营销和广告文化，对形象的关注远胜于现实，自然会倾向于操纵甚至盘剥消费者。另外，信奉泰勒理论的人专注于经济效率，他们似乎是股东价值理论的天然拥趸：其核心就是利润最大化。

正如我所说，大规模生产和利润、追求效率，或者通过市场营销提高对产品和服务的认知，这些做法本质上都没有错，如果没有这些，很少有企业能够运转。然而，当这些成为只专注于短期利润最大化的领导人手中的工具时，就会导致我们今天面对的这种局面：掠夺成性的公司肆无忌惮地盘剥消费者。

回到消费者

有一件事情罗杰·马丁说得很清楚：资本主义的未来取决于把公司的关注点转回到消费者身上，"消费者满意是一个比股东价值更加强大的目标……如果你关照消费者，股东就能够顺带享受一段美妙的旅程。反过来则根本不能成立：如果你关照股东，消费者不会有好处，而且，讽刺的是，股东也走不太远"。

从股票市场的交易来看，当然并不是所有企业都是同等的规模，但无论是大企业还是小企业，它们都面临一个选择，要么专注于眼下的利润最大化，要么让消费者满意，就像在本章开始时谈到的我自己的经历那样。酒馆没有前途；餐馆尽管是在全球经济危机日趋严重的关头开门营业，却能够在百业凋敝中一枝独秀。

尽管罗杰·马丁为了让我们把关注点转回到消费者身上提供了强大的理论依据，但是他的说法并非重振消费者体验的唯一理由。其他那些强大的技术和社会力量，将让企业别无选择，我们将在下面进行详述。

信息革命

如果说工业革命期间，技术的进步把权力的天平倾向于企业，那么数字革命的进步，则又把它重新倾向于消费者了。万维网从一系列链接的静态文档发展成为一个动态的、高度交互的平台，彻底改变了商业和通信的面貌。

电子商务和用户体验的兴起

一旦人们能够在线买卖，用户体验的重要性几乎立刻显现出来。网络创造了一种环境，让你能轻而易举地从一家供应商换到另一家供应商。不再需要走出一家店，穿过市区到另外一家商店去。在搜索引擎输入你想要的产品，浏览网站上显示出的搜索结果，如果没找到自己心仪的，几秒之内，点击退回到搜索结果页面，再看另一个。这些都已经成为一种常态。

像亚马逊和谷歌这些主导整个行业的公司，都专注于产品的使用便利，其他企业也开始纷纷效仿。正如我们现在看到的，企业开始聘用产品适用性顾问，并执行以用户为中心的设计流程。

用户贡献内容

网络发展的一个重大转折点是，当大众贡献内容成为一种可能时。论坛四处开花，消费者能够在零售商的网站上评论他们购买的产品。显然，在这种情况下，消费者能够从其他用户的体验中了解信息，并作为产品选择的基础，而不是去看公司精雕细琢的那些营销说辞。在亚马逊，花再多的营销费用都无法弥补平均为1星的评论带来的负面影响。你不该只是动动嘴了，而必须动动腿了。

第一章　为什么消费者体验如此重要

社交媒体

如果用户贡献内容是权力转向消费者的开始，那么当发展成现在称之为的"社交媒体"时，事情又上升到了一个新的高度。2010年10月，一位名叫约普·凡特·海克的荷兰喜剧演员，决定把自己的教训与45000位推特粉丝分享："德国电信公司的可憎行为很有意思。他们会为所有错误道歉，并建议你去客服中心。而等待时间为4小时……"他送儿子的电话去修理，可是几个星期过去了，问题还是没有解决。推特上的文字发布不到半小时，德国电信公司的代表就主动联系上他，并拿出了该问题的解决方案。

这听起来很像一个社交媒体策略的成功实施，企业利用大量的现代化渠道做出回应，但是看看接下来发生了什么。约普因自己的推特影响力而得到优先对待，这让他更加生气。他继续保持着自己推特账号上那种咄咄逼人的态势，而且还在荷兰报纸《新鹿特丹商报》(NRC Handelsblad)的专栏中提到了此事。此时，从这个话题的首次推文算起，他的推特粉丝又增加了10000人。这一事件引起了当地和国际性大众媒体的关注，德国电信部门被迫做出官方申明。事情传到比利时，一家国家广播电台开了一档节目,邀请大家分享与客服部门交涉过程中遇到的各种糟糕经历。

约普继续这个话题,并专门开通了一个电子邮箱,让所有人都可以发送自己经历过的客服恐怖故事,目的是编辑出版一本书,向那些客户服务真正存在问题的大企业传递强有力的声音。比利时联邦部长也被卷了进去,公开宣称现在的客户服务令人无法接受。2011年6月,那些在比利时境内拥有大型客服中心的公司签署了一份协议,把客户的等待时间限制在2分半钟之内。

我们从来不乏社交媒体如何利用即时通信工具改变世界的例子:形成各种兴趣群组,让所有人都拥有一个与互联网连接的巨大的数字化高音喇叭传播信息。社交媒体发挥的关键作用不只是针对消费者,还针对普通公民:在"阿拉伯之春"运动中,抗议者通过社交媒体来协调行动,从而推翻了独裁者;同时,它还在帮助奥巴马成为首任非洲裔美国总统的过程中发挥了自己的作用。

在大卫·琼斯(David Jones)的那本发人深省的著作《谁在意输赢》(*Who Cares Wins*)中,他对社交媒体以什么方式给消费者赋权做了言简意赅的解释:"品牌的定义来自消费者相互间对品牌看法所做的交流,而不是由品牌来告诉消费者。"现在,我们拥有了获取信息的开放路径,从而让品牌为某个特定听众设计信息成为可能,比如投资人、员工或者消费者,而且,如果公司不坚守自己的承诺,我们有很多办法让他们付出代价。"在当今这个开放的世界里,一家公司很难伪装自己……要成为当今成功的社会品牌,关键是要创造出最好的现实。"

消费者的设计认知

10年前,当面对弄不懂的技术时,很多人只是简单地说一句"我不是搞技术的"。如今,消费者懂得的东西更多。没有技术人员和非技术人员的区别,有的产品是为目标人群精心设计的,有的则不是,并且我们现在更倾向于责怪产品而不是我们自己。这反映了人们越来越意识到设计在我们生活中扮演的角色。亚马逊不是第一家网上书店,谷歌不是第一个搜索引擎,宜家也不是第一家家具制造商:他们的成功都与卓越的设计有着内在的联系。

我们天然地倾向于与那些设定了标准,而不仅仅是直接的竞争对手进行产品和服务的比较。我不在意一个在线购物网站是否比另一个更好,如果用起来不能像亚马逊那样简单明了,我还是会很失望(我的亲身经历)。我设置的微软邮件(Microsoft Outlook)收发器,不是另外一个基于桌面的邮件应用,而是Gmail。消费者体验的障碍,通常不是由直接竞争者决定的,而且消费产品与企业产品之间,也不像过去那样存在显著的差异,它是由我们日常生活中获得的经验所决定的。这就提出了一些有关竞争者分析有效性的有趣问题,我们会在下一章讲到。

尽管我们没有意识到,其实我们看到或者接触到的所有人造物体都是设计出来的。有人决定将它以现有的形态带入我们的生活。按照设计师卡里姆·拉希德(Karim Rashid)的说法,我们每天会接触到600个这种类型的物体。毫不奇怪,不只是我们的设计意识在提高,我们的关注点也在扩展,而耐心似乎在背道而驰。我们没有时间、精力和意愿去使用那些让我们的生活变得比以前更复杂或更有压力的产品或服务。这两种现象并存。那些价格不贵、设计品质又很高的产品的出现,自然抬高了我们的期望值,而且,对于一个产品来说,只是满足我们的功能性需要已经不够了。它必须一看就会用,毫不费力地融入我们的生活中,让人感觉愉悦。从始至终,它都需要用完美的消费者体验做包装。

从大规模生产到大规模定制

在数字和物理领域,技术进步已经将关注的焦点从直接的大规模生产转移到大规模定制和个性化定制上。网络零售早就拥有了向同一类买家推荐商品的能力。我们可以对新闻网站做个性化定制，以便让那些我们最感兴趣的新闻得到优先推送。对于显示与我们的具体位置相关的信息，用加了GPS（全球卫星定位系统）功能的智能手机，只要你能想到的服务几乎都能找到。在现实世界中，当买车、订咖啡或者买其他任何东西时，我们都可以从成千上万的选项中挑选，从而彰显自己的个性。在提高消费者体验的水准方面，科技已经做了很多工作——我们不仅仅想要个性化的服务，我们期待更高水准的消费者体验。

多渠道

或许，科技进步面对的最大挑战不是孤立地把它们一个个都做正确，而是把它们捆绑在一起，做成一种持续不断的整体的消费者体验。挑战不再来自于简单地打造一个好的产品或者服务，抑或提供优秀的客服和实用的网站，而是把数量越来越多的不同的接触点无缝地整合起来。很多企业发现自己不得不整合产品和服务、实体门店（或许还有附带的自助售货亭）、交易网站、智能手机应用程序（APP）、社交媒体账号以及呼叫中心，而且还不止限于某一个国家。

做好这种类型的多渠道体验工作是一个巨大的挑战，但很有必要。正如我们后面将会看到的，期望是消费者体验中一个重要的组成部分，所以，信息在不同渠道之间的顺畅传送很重要。就像约普·凡特·海克所指出的从网站切换到客服中心、再到商店，然后再回到客服中心，以这样的流程解决一个简单的问题足以令人发狂。我们不仅仅想要个性化的消费者体验，还希望提供给我们最合适的渠道。消费者握有掌控权，是极致消费者体验的关键。

良心消费

经济增长目标以大规模消费的方式，把工业革命、设计、市场营销以及股东价值信条全部统一起来。这种模式并非没有负面影响，青蛙设计公司（Frog Design）的创始人哈姆特·艾斯林格（Harmut Esslinger）是这样解释的："我们量产的那些'便宜'商品已经自己证明，从文化、社会和环境的角度看，其实太过于昂贵……生态资本主义运动的壮大并不是'不切实际的社会改革'。它是由人类自我保护的本能驱动的。"

人们对消费中的社会和环境成本的关注程度前所未有，而

第一章　为什么消费者体验如此重要

且,越来越多的消费者在做购买决策时,产品的社会环境影响已经成为众多考虑因素之一。尽管这当然不是唯一的考虑因素,但是选择有机食品、公平贸易咖啡、循环利用和可回收的产品,或者混合动力汽车,都是消费者表达自己关注的一种显而易见的方式。

在《谁在意输赢》一书中,大卫·琼斯认为,社交媒体和企业社会责任本质上是相互关联的,因为社交媒体能帮助消费者督促企业尽责。他开篇描述了企业社会责任的三个时代。第一个时代,"形象时代(The Age of Image)(1990—2000)",讲的是那些改变外观形象,而产品的制作方式没有做任何真正改变的品牌。第二个时代,"优势时代(The Age of Advantage)(2000—2010)",这个时候,企业开始认为真正的社会责任是一种竞争优势。他得出结论,我们现在正生活在第三个时代,"破坏时代(The Age of Damage)",那些不承担社会责任的企业终将受损。

企业社会责任的重要性不断提高,很好地说明了我们已经讨论过的一些因素在市场上会如何表现。摆脱弗里德曼那种对利润的绝对关注,不只是为了回应消费者对服务标准日益增长的不满,还承认了一种现实:这种唯利是图的做法带来的社会和环境后果是不可接受的。社交媒体赋予消费者这样的权利,如果企业未尽应有的社会责任,或者对消费者未履行应有的义务,就让这些企业付出代价。

最后，人们越来越意识到，我们面临的环境问题，其实很大程度上就是设计问题。我们遭遇的大部分浪费都源自于糟糕的设计：计划报废、没有节制地过度包装、因没有修复的经济价值而只能被填埋的受损产品。正如我们将会在本书随后的内容中看到的，通过产品或服务反映消费者的个人价值观，是极致消费者体验至关重要的一环。

革命和进化

我们正在经历的，部分是进化，部分是革命。科学技术是社会变革的助推器，历史上一直如此。新兴的"绿血"企业家会帮助资本主义朝着更重视社会和环境责任的方向逐步发展。然而，从消费者的角度看，这就是一场革命，因为我们现在发现，商业界的目光重新转回到消费者身上了。企业和它们所服务的消费者之间的鸿沟正在被社交媒体逐步填平：与长期以来的情况相比，他们之间的协作更多，双边对话也更多。传统市场营销的力量受到了用户贡献内容的限制，选择越来越少，只有致力于让消费者更满意，才能让他们留下来。

事实是，这种方式依然是企业取得长期成功的最好方式，不管是大企业还是小企业。正如管理学教授彼得·F.德鲁克

(Peter F. Drucker)1955年所说:"企业的使命是创造并留住消费者。"我们正在经历的这些并不是新发现,它是在政治和经济巨变的大背景下,由技术和社会变革引起的一次重新关注。

极致的消费者体验对企业是有益的,而且历来如此——我们对那些提供极致消费者体验的企业回报以忠诚、重复购买,而且替他们做市场宣传——把他们的产品和服务告诉给朋友、家人和同事。

企业领导人对专注于消费者的做法总是不乏溢美之词。办公室的墙上和使命宣言里充斥着动听的辞藻:"不遗漏一个客户"……"为客户多做一点"……"客户至上!"不同之处在于,现在他们真的必须践行自己的说法了,而那些做了的企业正在从中获益。

2011年5月,一位3岁的小女孩给英国的塞恩斯伯里超市(Sainsbury's)写了封信,她说他们的产品"老虎面包"应该重新命名:"老虎面包为什么要叫老虎面包?应该叫长颈鹿面包。爱你们的莉莉·罗宾逊,年龄3岁半。"她收到了来自超市客服部门的回复,信中说:"我认为把老虎面包重新命名为长颈鹿面包是个绝顶聪明的好主意,它看起来更像是长颈鹿身上的斑块,而不是老虎身上的条纹,对吧?它被叫作老虎面包是因为很久很久以前,第一次做这个面包的师傅认为它上面的条纹像老虎。或许他们真的有一点点笨。"信中署名"克里斯·金,年龄27岁零4个月"。

我第一次听到这个故事是在我的 Facebook 推送内容里。看过这个故事的人应该成千上万，而且英国广播公司的新闻频道还做了报道。大部分的评论都对克里斯·金和塞恩斯伯里超市给予了极大的肯定。举几个例子："这就是我认为的好客服！"……"像这样的简单举动能够而且确实让品牌散发出了极大的善意，然而这种做法目前依然很稀罕"……"如果有更多克里斯·金出现，糟糕的客户服务将会成为过去式！"塞恩斯伯里超市很快上了头条，并马上把面包改名为"长颈鹿面包"。毫无疑问，成千上万的人涌入他们的网站和门店，去查看是否真的给面包改了名。

社交媒体的话题似乎让营销人员和公关人员陷入了困境。一方面，他们很害怕一致的社交媒体活动会对他们的品牌造成破坏，但是另一方面，他们看到了令人无法抗拒的潜在机会。似乎有一个简单的选择：如果想让消费者发布正面的推文，那就专注于打造极致的消费者体验，就像塞恩斯伯里超市的例子一样，剩下来的事情消费者会替你做。反之，企业如果与自己服务的消费者失去了联系，就会成为那些把消费者体验放在核心位置的企业家们嘴边的肥肉。这不是"是否"的问题，而是"何时"的问题。

第一章　为什么消费者体验如此重要

小　结

- 打造极致的消费者体验，从更广泛的意义上说，利润将成为成功企业的一种令人高兴的副产品。
- 狭隘地专注于利润最大化，会让你与消费者在利益上产生正面冲突。
- 工业革命导致大规模生产和劳动分工，把生产者与消费者隔离开来。企业随着时间的推移发展得越来越大，与消费者的隔阂也同步增大。
- 将高管薪酬与股价挂钩，使企业领导者的注意力从消费者转移到股票市场，这是造成当前困境的因素之一。
- 社交媒体开始赋予消费者权力，给他们提供一种几乎不受管控的民主手段，让企业对那些令人失望或不诚实的行为负责。
- 个性化和定制化成为常态，提升了消费者的期望。
- 大量新的数字接触点（智能手机、自助售货亭、网站）的涌现，让企业很头疼，现在需要把它们组合起来，形成一种连贯的体验。
- 更多地认识和欣赏优秀的设计。如果不会用某个产品，我们更倾向于责怪产品的设计而不是我们自己。
- 我们越来越意识到消费将对社会和环境造成影响，所以也更加关注企业应该承担的社会责任。
- 企业现在别无选择，只有专注于让消费者满意，才能留住他们。

第二章

为什么消费者体验得不到改进

本章解释了为什么改进消费者体验的努力往往不能产生预期的效果。还探讨了在大型组织中通常存在的一些问题,这些问题往往是打造极致消费者体验的拦路虎。

第二章　为什么消费者体验得不到改进

理解错了

众所周知，尽管消费者体验至关重要，但是作为消费者的我们仍时常倍感沮丧和失望。产品过于复杂而难以使用，小字说明让我们感觉受到欺骗，广告内容与实际情况相差甚远，客户服务通常粗鲁无礼。对于大部分人来说，不愉快的消费者体验司空见惯。尽管人们开始重新关注这一领域，但是真正做得好的体验仍然凤毛麟角。

为什么会这样？通常并不是因为缺乏尝试，也不是预算问题，某些公司在市场调研、用户测试以及消费者关爱计划上面投入了数以百万计的资金。也不是参与的人员不够聪明，或者能力不足。"深谙此道"的聪明人不计其数。到底是怎么了？

虽然不存在两家完全一样的公司，但是有几个因素值得我们做更细致的探讨。这些都是我与大中型企业合作时总结出来的经验，然而，你会发现他们也同样适用于那些小企业。

瓦肯人的死板

电影《星际迷航》(Star Trek)由J.J.艾布拉姆斯导演,影片延续了前面故事中两个主角之间的人物关系。一个是地球人詹姆斯·T.柯克,他易怒而感性;另一位是瓦肯人斯波克,他压抑了所有感情,只按照理性和逻辑生活。毋庸讳言,他们之间不可能产生真正一致的想法。

商业人士主要遵循瓦肯模式,把他们的事业看成一次极端理性的尝试。他们会以斯波克似的职业精神来记录自己的正常生活。正如设计界的老前辈多恩·诺曼所总结的:"企业早已经处于讲逻辑的、理性的决策者的统治之下……感性没有空间了。真遗憾!"

作为消费者,我们跟瓦肯人则没有半点相像之处。我们经常很冲动,购买决策的依据只是感性、预感和直觉。很显然,企业与我们的感性需求接触得越多,其产品和服务就越能引起我们的共鸣。

影片结尾,柯克是"进取"号上的舰长,斯波克给他当大副,这样的结局给了他们在这两个不同世界里的最好归宿。这个结果应该是企业做决策时效仿的最佳模式:彻底地了解消费者,包括他们的思想、感情和体验要求,通过严谨分析和理性处理,再进行平衡。然而,在大多数情况下,理性和分析已经取代了更为感性的人类理解,不再是同一枚硬币的另外一面。下面是这种现象自我展现的两种常见方式。

器材控

肯·罗克韦尔(Ken Rockwell)造了一个新词"器材控"(Measurebator)来描述这一类摄影师,他们对照相机的理论性能表现出极大的兴趣,而对于它是否能拍出好照片反倒不是很在意。"这些家伙患上了分析瘫痪症,永远干不成什么事,"他说,"这些人太在意于给事物评定分数,以至完全忽视了这样一个事实:照相机或者测试图表与一幅图像表达出来的精神其实没有任何关系。"

办公室里的瓦肯们把这种情况推到登峰造极的地步,他们用各种工具来分析竞争对手,建立客户细分模型,报告市场活动。遗憾的是,这些模型只是现实的表象,并非现实本身。

正如戴夫·帕特奈克(Dev Patnaik)在《谁说商业直觉是天生的》(*Wired to Care*)一书中所说:"公司变得如此依赖模型,以至于很多组织开始脱离现实。没有与服务对象的亲身接触,公司便缺乏背景信息和所需的直接经验，从而难以做出合适的决策。太多的领导人在对这一领域没有任何亲身感受的情况下，做着事关生死的决策。"

我在做网站项目的时候，经常被要求把客服电话的号码处理得不那么显眼。"我们有个减少呼叫中心工作量的策略目标，"他们说，"就是砍成本。"这种情况表明，当数字和分析与情感产生矛盾的时候，人们会自然而然地倾向于支持那些降低消费者体验品质的决策。

数字和计算会夺走人们身上的仁慈，带来真正令人心痛的后果。在沃维克·法诺尔（Warwick Funnel）那篇发人深省的论文《服务大屠杀的财务工作》（*Accounting in the Service of the Holocaust*）中，他认为："用财务数字代替个人的特质属性，以此否认这些人所具有的人性及个性……（财务工作）不仅是加速灭绝犹太人的一种手段，同时也是一种洗白自己的手段，那些没有直接参与到杀害数百万犹太人的人能以此为借口，把自己与助纣为虐的工作目标和工作结果撇得干干净净。"当人被缩小成一个个数字的时候，就很难再把他们看成人了。

"器材控"的另一种形式是计算投资回报，这是商业策划中项目融资的基本要求。这个话题一直折磨着设计界很多人，因为要把定性的事情转换成定量的几乎是不可能的，尤其是当体验与产生体验的功能密不可分时。我记得有位客户试图为一项新功能准备商业案例，这一功能是可以将网站上的产品以不同的颜色进行标注。问题是，这样做能把多少浏览网页的人转化为实际购买的人？能提高网上购物的"购物篮价值"吗？这些是不可能单独测算出来的，因为需要考虑的变量实在太多，其中就包括产品本身、季节变化以及网站的其他改进。

直线竞速赛

与消费者体验的离散因素不同，企业有很多领域是很容易进行测算的：执行一项任务时有多少人可以用？给他们多少钱？或者某个具体的流程需要多长时间？由于泰勒在19世纪末期发明了科学管理，我在上面章节中提到过，以减少浪费并让效率最大化为目的的流程优化和标准化，已经成为很多组织最关切的问题。越是容易监测的情况，成为目标的可能性就越大。计算机和机械毫不留情地取代了人类，咨询公司从寻找成本节约的方法中赚得盆满钵满，尤其是在经济衰退期。

效率对企业及其消费者都极具吸引力。作为消费者，我们不愿意坐等事情的发生，而高效运营能为企业节约成本。作为一名设计师，我特别喜欢那些在经济上运行良好的产品，或者通过巧妙的包装以尽量减少浪费。

然而凡事过犹不及。如今，企业的发展速度在加快，变化的速度也在加快。当期望说变就变时，灵活性变得跟速度一样重要。遗憾的是，在对效率的狂热追求中，有些人设计时以牺牲敏捷为代价，将企业可能面临的所有问题都考虑进去。正如汤姆·迪马可（Tom DeMarco）在其著作《别让员工瞎忙》（*Slack*）中所说："一个能够加速但是不变向的组织，就像一辆可以加速但不打方向盘的汽车。短期来看，它在碰巧驶入的某个方向上是前进了不少。但从长远来看，只是另一场灾难。"

这会对消费者体验造成严重的后果：超高效的公司通常无法对消费者期望的变化做出反应，任何不符合优化解决方案的消费者问题都不能得到满意的解决。当你打电话给客服人员只是想谈论一个紧急问题，他们却给你 8 个不同的菜单选项而你又不知道怎么选时，没有比这更让人恼火的了。从理论上讲，自动化超市会让店里的工作人员大大减少，但是机器无法处理装袋区意料之外的商品。

克隆者的进攻

"器材控们"还会发现分析竞争对手的诱惑难以抗拒。经常会看到他们在编辑电子表格，上面列举了市场上所有产品的特性和功能，以便对自己的产品和服务进行绝对精确的定位。

第二章　为什么消费者体验得不到改进

这种做法有两个副作用。其一是让竞争成为一项谁更胜一筹的比赛：产品追求更高的像素、更多的特性和功能，使得产品越来越难使用，从而让体验大打折扣。它同时还意味着你永远都比对标的企业慢了一步。正如《返工》(Re-work)一书的作者大卫·海尼梅尔·汉森(David Heinemeier Hansson)和杰森·弗雷德(Jason Fried)所说："当你陷入军备竞赛中时，你就陷入了一场永无止境的战争，这会耗费大量的金钱、时间和精力，而且迫使你永远处于防守的位置。防守型公司不会深谋远虑；他们只会在后面跟风。他们不会领先；他们只会跟随。"

另外一个无法避免的副作用是，当你以这种方式应对竞争时，模仿几乎是必然的。这在一定程度上解释了大部分在售产品与该领域的原创发明者之间有着显著相似性的原因。

我想此刻就要

当设计师被迫在不切实际的时间范围内完成工作时，会出现两种情况。第一种，他们放弃了所有合理的结构化方法，然后寻找可以复制的东西。我对这些朋友的遭遇感同身受。他们都没有足够的影响力去告诉上级的上级应该怎么办。事务所里也是同样的情况：如果客户想要，他们就得竭尽全力按时赶出来。这种做法很常见，刚冒出来的想法，还没有进行完整的设计或测试，就匆忙地投入市场，结果显而易见。良好的消费者体验需要对最细微的细节进行仔细的思考。这种事情不可能一蹴而就。

即便一家企业承诺实施一个结构良好的消费者体验改进计划，他们也常常发现自己受到很多遗留技术的羁绊，而这些技术本身就是这种仓促赶工的产物。年复一年，仅靠着对公司赖以生存却漏洞百出的技术进行修修补补，会让企业寄予厚望的体验成为一种不可能的奢望。他们需要先重新搭建平台，然后再重新启动整个周期，因为他们需要最新的技术。

如果你需要在另一个国家出席晨会，搭乘一架晚点的飞机并告诉飞行员飞快点，这根本没用。如果你希望更快到达，你就需要更早开始，这意味着要放眼未来。难点就在这里。企业要做的大部分工作都是由短期思维驱动的。糟糕的消费者体验只是表象，后面通常隐藏着更大的问题：要么是高层缺乏远见，要么是以季度利润为目标提出的计划。

这是一个众所周知的问题。2012年1月，《连线》(Wired)杂志出了一期题为"2012年25个重大思想"的特辑，列表中不乏各种前沿技术，其中一篇名为"向久盛不衰致敬——企业的长远主义"。作者大卫·罗万(David Rowan)介绍了多家企业巨头，包括软银集团(SoftBank)、国际商业机器公司(IBM)和联合利华公司(Unilever)，说他们已经"避开了股东对于短期目

第二章　为什么消费者体验得不到改进

标的关注"并着眼于长期的目标。这样做的公司其实远远不止这些。

我在上一章曾经提到过的《搞定游戏》一书中，罗杰·马丁解释了我们必须如何"把公司关注点从股东价值转回到消费者身上"，他引用了强生（Johnson & Johnson）、宝洁（Proctor & Gamble）以及苹果公司（Apple）作为决策正确的公司代表。他的意思很明确：如果你专注于消费者，股东也会受益，反之则没有谁会受益。但是，改进消费者体验的工作应该交给谁来负责？这个答案就不是那么简单了。

空着的椅子

你工作的企业中，谁负责消费者体验？或者说，消费者体验的问题谁真正说了算？我唯一一次能确定的，是我自己在负责的时候，但就算这样，我还是常常感觉没我什么事。如果无法马上回答出至少一个人的名字来，那很有可能贵公司的消费者体验正在遭遇麻烦。

看一下大企业的董事会，往往是一些标准职位：首席执行官（CEO）负责战略和领导；首席财务官（CFO）负责金融和会计；首席运营官（COO）负责运营；首席技术官（CTO）负责技术；首席市场官（CMO）负责市场营销。那么谁负责消费者体验？首席体验官在哪儿？如果没有谁对消费者体验具体负责，出了问题找不到具体的责任人，那么我们从一开始就身陷麻烦之中了。

要做好消费者体验工作，必须涉及企业方方面面的协调，但如果没有人明确地站出来发号施令，那么注定会失败。对此我有亲身体会。由于每一个利益相关集团都试图尽可能多地把控制权抓在手里，诸如"所有权""赞助"之类的词语开始此起彼伏、不绝于耳，整个局面就演变成了一场政治大会。内部进展慢得令人沮丧，谁拥有最大的政治影响力，或者谁最有钱，就由谁说了算，设计师要么走人，要么就得更加在意如何取悦股东，而不是创作出伟大的作品。消费者的声音被淹没在混战之中，什么也没有改进。

苹果公司采取了相反的做法。史蒂夫·乔布斯的传记作者沃尔特·艾萨克森（Walter Isaacson）引用了主人公的话说，总设计师乔纳森·伊夫（Jonathan Ive）"比除了我之外的任何人都拥有运营的更大权力。没有人可以告诉他做或者不做什么。这个模式是我建立起来的"。这能够在一定程度上解释为什么他们产品的设计看起来如此纯粹。与之相反，过去7年间找我咨询过的公司中，没有哪一家在董事会层面设置了代表设计或者消费者体验的岗位，尽管几乎所有这些公司都把苹果公司当成他们追求的黄金标准。

第二章　为什么消费者体验得不到改进

撇开政治因素不说，没有顶层代表，最终就很容易在不知不觉间做出影响消费者体验的决策。由于负责的部门、目的和目标不同，质量和期望也出现千差万别。这会导致在整个消费者旅程中出现不可调和的矛盾，让消费者不知道应该期望什么。如果产品或服务被那些急于达成销售目标的推销员误导，残局总是由客服来收拾，最终只会让品牌颜面扫地。在这种情况下，很少会由引发问题的根源出来承担责任。

净推荐值

这些问题都不难理解，而且很多组织都在着手解决。其中一种已经取得一定成绩的方法就是"净推荐值"（"NPS"），这是一种寻求对企业和消费者的关系进行量化的体系。这个体系的创建者弗雷德·莱切德（Fred Reicheld）通过解释不良利润和良性利润之间的不同，迅速指出了过度强调财务分析存在的一个根本性问题。

他解释说，不良利润的赚取方式令人生厌：用小字体隐藏收费，通过合同控制你，似是而非的价格，糟糕的客户服务等不一而足。另一方面，良性利润来自于让消费者满意，所以他们通常是回头客，并且会热情地把他们的体验分享给朋友和家人。

莱切德指出问题所在,财务标准无法区分这两种利润来源,公司很容易沉湎于不良利润中:"痴迷于利润让员工失去了动力,业务丧失了真正的增长机会,导致破坏性的螺旋加速运转。消费者痛恨不良利润,投资人也应该一样,因为不良利润阻碍了公司的未来发展。"

他的解决办法最先公布在2003年年末的《哈佛商业评论》(*Harvard Business Review*)上,办法很简单,但却很有效。根据客户对以下问题的回复进行分类:

按照0至10分的标准,你向朋友或者同事推荐我们(或者这种产品/服务/品牌)的可能性会有多大?

接着:

你给出这个分值的主要理由是什么?

"推荐者"是那些给9分或者10分的人。他们是忠实顾客,会向周围的人推荐这家公司。他们热衷于该公司的品牌、产品或服务,并且会为此消费更多。

"被动者"是那些给7分或者8分的人。这些人几乎不会向其他人推荐这家公司,如果他们推荐了,也是有条件的,而且热情不高。如果竞争对手的报价足够有诱惑力,他们基本上就会光顾竞争对手的生意。企业应该瞄准这群人,把他们转化为推荐者。

"贬损者"是那些给了6分以下的人。他们曾遭到了冷遇,

第二章 为什么消费者体验得不到改进

感到很不满，通常会抹黑公司。他们提出的问题需要认真对待。

取净推荐值时，只需要用推荐者所占的百分比减去贬损者所占的百分比即可。

净推荐值的拥护者们解释了这种方式如何为他们提供了具有操作性的启示，而且最关键的是，它让曾经被视为无形的东西得以精确地测量，变成了可量化的东西。他们还发现，净推荐值"与收入增长直接挂钩"，而且事实上，推荐者和贬损者的值是可以量化的。这是一个很棒的解决方案，因为它非常适合热衷于测量的公司，也为投资消费者体验提供了依据，甚至对最狂热的"器材控"也很具有吸引力。

净推荐值体系获得了很多人的提倡已不足为奇；不管怎么说，它让很多企业变得更倾向于以消费者为中心。但是，在得到了分值，然后需要做出改变的时候，会出现什么情况？我们需要一定的机制，把从消费者体验中得出的结论转化为切实的改进。知道了分值并有了目标还不够。这就是本书的目的所在，为你提供所需的工具包，着手改进消费者体验。让我们开始吧。

小　结

- 对理性主义和定量分析的偏爱，不能取代让消费者感觉愉快的那种情感共鸣。
- 将决策过程简化成数字游戏会导致消费者被非人化。由于很多体验因素并不能自然地进入传统的投资回报测算中，所以它们常常被忽视了。
- 超高效率使得企业无法对不断变化的消费者期望做出回应。
- 分析竞争对手导致效仿。哪家企业能成为市场领导者，它们就能引领行业的产品和服务标准，并拥有绝对的竞争优势。
- 短视主义导致技术基础动摇，限制了消费者的体验。还会导致在改善计划中走捷径，使得效果大打折扣。
- 如果要优化消费者体验，必须明确职责和责任。在大多数情况下，董事会层面在这两方面都不明确，会让整个事情陷入可怕的政治噩梦中。
- 净推荐值作为一种衡量消费者满意度的有效标准，与顾客的增长密切相关，但是它无法直接为你改善体验。

第三章

极致消费者体验的 10 大黄金法则

本章介绍了极致消费者体验的 10 大黄金法则,并强调了使用基于这些法则的方法来找出问题并做出改进的主要优势。本章最后提供了一些使用指南。

第三章 极致消费者体验的 10 大黄金法则

法则一：强烈体现消费者的身份认同

在消费行为中，我们的信念和价值观起着决定性作用，那些强化自我形象，并与我们的个人价值观相呼应的体验，让我们对自己的决策感觉良好，同时，那些明显代表了某种意义的品牌，带来了更加坚定的忠诚。这对于在"品牌层面"获得正确的体验至关重要。

法则二：满足消费者更高的目的

在一部电影中，真正让每个人物有趣的是隐藏在他们所说的话、所做的事之后的目的。消费者也一样：他们想要的和需要的东西都是衍生出来的，满足它们背后隐藏的更高目的才是极致体验赖以建立的基础。这是在"产品或服务层面"获得正确体验的基础。

法则三：注重细节

打造持续、顺畅的消费者旅程，需要认真思考、规划并设计所有的互动。任何细节都不能忽略。这是在"互动层面"获得正确体验的起点。

法则四：设定期望，然后满足期望

现有的期望、习得行为和联想都是消费者从一开始就用来判断体验的标准。极致的消费者体验必须明确考虑这些因素，并超越合理的预期。

法则五：体验是轻松、不费力的

那些增加消费者负担、占用他们大量时间和精力的互动，很快就会让人失去兴趣，或者被那些要求较低的互动取代。容易解决的事情能让人产生更多的好感，并形成重复购买。

法则六：体验是没有压力的

我们都会本能地避开压力。消除困惑、不确定性和焦虑的消费者体验才会获得回报，形成竞争优势，收获忠诚和无与伦比的品牌形象。

法则七：让消费者的感官得到满足

从美食到休闲音乐再到美丽的画作，我们都在积极寻求感官上的愉悦。让人感觉愉快的消费者体验能够赢得我们的心，让我们念念不忘。

法则八：体验是一种社会交际

与客户建立私人关系的重要性怎么说都不为过：相较于陌生人，我们更乐意从朋友处购买。然而，我们在社交群体中的地位也是一种强大而隐秘的促进因素。能够提升我们地位的那些体验，通常是最有价值的。

法则九：让消费者处于掌控地位

掌握对于我们至关重要：我们想按自己的时间，以自己的方式做事，坚决反对那些想迫使我们百依百顺的要求。相较而言，我们喜欢那种灵活、宽容，让我们感觉一切尽在掌控之中的体验。

法则十：考虑消费者的情绪情感

我们都是自己情感的奴隶，然而，大部分人却是从纯理性的角度来看待消费者。评估一种体验的情感因素时，往往会带出很多被忽略的问题，并能开启让消费者满意的新途径。

为什么使用这些法则？

使用这些简单的法则来指导决策，并帮助你构建思维体系，会带来很多实际的好处。下面列出了关键的几点：

- 简单易懂
- 快捷有效
- 可以扩展

- 具有灵活性
- 有利于分散管理
- 促进创新
- 对现有的工作方法进行补充
- 持续的时间比想法长
- 促成更深入的理解

法则简单易懂

繁琐的流程和复杂的数据分析看起来好像很高明，但是，除非一种方法能够快速、容易地被大家理解，不仅是那些使用的人能理解，其他的利益相关者也要能理解，否则，实施起来就会很艰难。与之相反，本书中关于消费者体验的法则通俗易懂，因而能直接用于工作中，任何人都可以。

法则快捷有效

使用这些法则作为指导，减少对灵感和模仿的依赖，当你知道在解决方案中有什么不对劲时，能够帮你抽丝剥茧，找到问题。它也能给调研和测试提供框架。这就意味着，当你希望能找到感觉正确的东西时，你浪费在主观辩论、推敲像素和漫无目的的实验中的时间会更少。

法则可以扩展

所有企业,无论大小,都存在消费者体验的问题,然而,所面临的问题以及解决问题所采取的方式,由于企业规模的不同而各异。小型企业可能会认识每一位客户,而全球零售商在应对不同国家的问题时会存在文化上的差异。这些法则可以为各种规模的企业提供帮助,因为它们所研究的是大脑的工作机制:这对每位消费者来说都是一样的。

法则具有灵活性

巴赫、莫扎特、吉米·亨德里克斯对所有的音乐理论都烂熟于胸,但是这并不妨碍他们形成自己独特的风格,或创作出成千上万首独一无二的曲子。而消费者体验背后的心理学原理也是一样的:它们能以无穷无尽的方式进行解读和应用,支持创造而不是限制创造。竞争对手分析和标杆分析则会带来相反的后果。它把参照系缩小成一个点,唯一可用的解决办法就是跟随市场领导者。

法则有利于分散管理

并不是消费者体验的方方面面都可以集中控制,体验的质量通常掌握在一线员工的手上，这个人可能在客服部门接听电话，也可能在一家门店里上班。当消费者提出一个不常见的疑问或者问题需要解决时，他们通常的反应是转交给上级定夺，或给出"电脑说不行"这种毫无意义的答案。这种情况不是不可改变，所有企业都可以给一线员工一套必须遵循的消费者体验指南，并把这项内容纳入员工的培训计划中。这样做，不仅因为给了员工更多的自主权而让他们的工作更有价值，而且也会让他们更加关注存在的机遇和问题，所有人都受益。这些法则有助于解决这个问题。

法则促进创新

在创造性思维手册《米哈尔科商业创意全攻略》（Thinkertoys）一书中，作者迈克尔·米哈尔科（Michael Michalko）解释道："改变角度，扩展可能性，直到看到之前无法看到的东西……这种新的看待事物的不同方式会带给你新的想法和启发。"这些法则通过给出10种不同的视角来构建消费者体验，让你真正做到这一点，而不是问"能用吗？"或者"消费者完成任务了吗？"。使用本书中的不同法则看待同一个问题，可以通过帮助你从不同的角度去思考体验而产生创新。

法则对现有的工作方法进行补充

大多数有规模的企业都已经建立了改进消费者体验的工作流程，不论是为了提高网站影响力而执行的以用户为中心的设计流程，还是与调研公司合作，以帮助他们紧跟时代的趋势。运用这些法则有个好处就是，它们能与现有的方法协同工作，而不是取代它们。这些法则为那些已经存在并且可能已经取得丰硕成果的工作方法又增加了一层智能保障。

相反，试图在组织中插入一个新的流程可能会困难重重。从某种意义上说，这些法则甚至根本不需要实施，因为它们更多地是调整你的思维方式。你只要使用它们，然后让结果来说话。我就是这样开始的。我在日常设计工作中使用它们，不久之后人们就注意到了。

法则持续的时间比想法长

好想法经过一段时间后可能会出现问题。随着世事变迁，期望和技术会发生改变，曾经绝妙的解决方案可能变得弊多利少。然而，法则会有很长的保质期。用它们作为切入点，可以帮助你以一木而见整片森林。

法则促成更深入的理解

规定好的解决方案——如果发生 x 则执行 y——能做的通常很有限。要真正理解我们面临的问题和机遇，就需要追根溯源。

在日本持续改进哲学 Kaizen（改善）中，最强大的问题解决技术之一是丰田公司的"五个为什么分析"（Five Why's Analysis），它可以用来追溯问题的根源。商店地板上有一块油污。为什么（商店地板上会有油污）？因为机器漏油。为什么（机器会漏油）？因为垫圈老化。为什么（垫圈老化）？因为我们买的垫圈是用劣质材料做的。为什么（要买劣质的垫圈）？因为拿货的价格优惠。为什么（要用这种价格拿货）？因为采购员是根据实现短期成本节约进行评估的。那么，解决方案就是改变采购员的评估政策。

这是一种解决问题的绝妙方法，而且能帮助我们产生更加深刻的认识。在本书的调研过程以及我的设计实践中，我遵循了这种方法，并发现在绝大多数情况下，问题都能追溯到我提出的那些法则上。应用它们将帮助你更深入地理解是什么造就了极致的消费者体验。

第三章　极致消费者体验的10大黄金法则

在我们开始之前

本书后面的内容将详细探讨这10大法则，包括其理论基础以及如何在实践中应用，并以实例支持。我希望读完本书后，无论你坐在哪一间办公室，将永远不会再用过去同样的方式来看待消费者体验。作为一个有趣的练习，无论何时，当你经历了特别好的或特别糟糕的消费者体验时，都想一下是这10条法则中的哪一条在起作用。你很快就会接纳它们，并意识到它们是如何在实践中发挥作用的。

我相信这些法则是全面详尽的，消费者体验的所有方面都至少包括其中之一。然而，它们并不会相互排斥，有些主题可能适用于多条法则。

举个例子，人为错误这一主题很容易归于"费力"的范畴，因为消费者犯的错误越多，返工也就越多；它也可能归于"压力"的范畴，因为犯错也会削弱消费者的信心，担心自己是否能够正确地完成一项任务。我采用了一种简单的方法来解决这些问题，就是尽量把每个章节写得足够短，让读者可以每天在短途的通勤车上看完一章。如果有重叠的主题，我会进行拆分，让它们更容易被理解，并根据情况做了交叉引用。

并不是所有的法则都同样适用于每种体验的每个环节。在具体情况下，一般都会有一两条发挥作用，比如"消费者还在期待别的东西"，或是"这项任务持续的时间太长了"。这对于解决一些明显的问题很有效，但是你也会发现，运用其他的法则来设计任务，会激发出之前被忽视的想法和新的机会。

最后，正如我将会用实例来展现的，无论价格点或行业如何，这些法则都会发挥作用。如果你有消费者，这些法则将会奏效。打造极致的消费者体验并不专属于奢侈品牌、昂贵的商品和服务或者有大笔预算的项目。任何人都可以做。

小　结

- 10大黄金法则可以帮助你识别改进消费者体验的机会。
- 这些法则放之四海而皆准：它们适用于产品和服务，也适用于任何领域、任何规模的企业。
- 这些法则通俗易懂，并且作为已有工作方法的补充，更易于实施。
- 运用这些法则构建思维模式并指导决策，有助于你在更短的时间内想出更好的办法，从而减少对灵感和模仿的

第三章 极致消费者体验的 10 大黄金法则

依赖。

- 本书后面的部分将告诉你如何把这些法则运用到工作中。

第四章

法则一：强烈体现消费者的身份认同

在消费行为中，我们的信念和价值观起着决定性作用，那些强化自我形象，并与我们的个人价值观相呼应的体验，让我们对自己的决策感觉良好，同时，那些明显代表了某种意义的品牌，带来了更加坚定的忠诚。本章将告诉你信念和价值观从何而来，它们如何驱动消费，以及如何确定体验是否准确地体现了消费者的身份认同。这就是在品牌层面如何获得正确体验的方法。

第四章 法则一：强烈体现消费者的身份认同

人们不会把信念建立在理性的基础上。他们先有了某些信念，然后再找出理由来证明这些信念。

——尤金·维格纳（Eugene P. Wigner）

引　言

2011年8月，英国的一些城市爆发了大规模的骚乱和抢劫。我们当中有很多人都守在电视机前，看着警察在拼尽全力控制混乱局面。商店的店主眼睁睁地看着自己的生意被付之一炬。价值数百万英镑的公私财物被损毁。抢劫者盯上的是等离子电视机、运动服装和移动电话。这就好像如果你能走到大街上随便拿东西，你会拿走你想要的，而不是你需要的东西。

理解消费的含义

打造极致消费者体验的出发点不是看人们需要什么，因为大部分人的需求都已经满足了。我们实际需要的其实很少。我们在一个"想要"而不是"需要"的世界打拼。问题是，为什么人们会想要这个东西而不是另外一个？要建立一种有吸引力的消费者体验，我们需要从理解消费机制开始。

物体价值体系

法国哲学家让·鲍德里亚（Jean Baudrillard）对消费和价值的概念进行了详细的研究，得出的结论是，物体的价值有4种来源：

- "使用价值"（Use value）是指一个物品的功能或者用途——铅笔画画，冰箱制冷。
- "交换价值"（Exchange value）是指经济价值或者市场价值——1头猪值2只羊，一支笔值2镑。
- "象征价值"（Symbolic value）是象征两人之间的关系而赋予到某个物品上的价值——一件礼物，结婚戒指，或者毕业礼物。
- "符号价值"（Sign value）是指一个物品相对于同类物品的价值，以及在社会背景下，它是怎么表述拥有者的——万宝龙（Mont Blanc）钢笔与比克（Bic）笔所代表的价值、身份和品位是不同的。

鲍德里亚认为，消费是由商品的符号价值（商品怎么表述消费者)驱动的,而交换价值(该商品值多少钱)由符号价值决定。消费不由任何客观需求驱动,而是一种传达我们的信念、价值观和自我形象的方式。一份调查伦敦骚乱的官方报告指出"对高级品牌的欲望"是一个重要因素。他们掠夺的是符号价值。

鉴赏能力

如果符号价值是消费的驱动力,那么它就应该遵循符号的规律:越常见或者越显眼就越好。但我们在实践中看到的情况则截然相反。有人因为拥有动力强劲而长相普通的(奥迪)"Q系车"而倍感喜悦。只要出钱,谁都可以买颗钻石镶嵌在劳力士手表上彰显自己的富有,但是,要想真正看出一块"双红"海使型手表(5万美元起)的高贵,还需要有真正的鉴赏力。正如威廉·怀特(William Whyte)在《组织中的人》(*The Organization Man*)一书中所说的:"越是细微的差异,就越显得重要。"

这种情况不单适用于奢侈品牌。一个社会组织无论多小,都会有这样的情形,而且,任何一种具备符号价值的购买行为,都是消费的一种形式。我父亲对机械工程有着很深的喜爱,他的房间里塞满了古董钟。他当然不想用这些藏品来给谁留下什么深刻印象，事实上，不走进他的房间，谁也不知道他拥有这些藏品。这或许是有关符号价值最为重要的一点。我们购买的品牌，以及我们拥有的产品，都有一个故事，而那个故事的听众最主要还是"我们自己"。驱动我们消费的是个人的信念和价值观，但是，这些信念和价值观来自于哪里，它们为什么会如此重要呢？

陀螺仪和雷达

对我们信念和价值观的来源，大卫·理斯曼（David Reisman）提出过一个解释，他那本具有巨大影响力的书《孤独的人群》（*The Lonely Crowd*）出版于1961年。他在书中探讨了社会性格与社会之间的关系，提出了3种不同的类型。

在"传统导向"型的社会，从众反映了一个人的"年龄范围、宗族或者社会等级"，重要的关系被存在了几个世纪之久的"严谨的礼仪"和仪式所控制。

在"内在导向"型的社会，个人不再简单地被行为模式控制，而是被一种内在的"陀螺仪"控制，这种陀螺仪很早就由其父母及其他权威人士掌握，引导他们走上一条既定的人生之路。内在导向型的个人可以选择的追求，远比传统导向型的要多得多(财富、知识、权力和名声等),因为他们是受到个性的指引,而不是受当时的传统限制。

"他人导向"型的个人将同龄人视为个人导向的来源,通过"对他人的行动和愿望保持特殊的敏感性"来获取。他们的主要目标是得到自己所属社会群体的认同。他们的"控制设备不像陀螺仪,而像雷达"。

在一定程度上,每一个人都混合着这3种性格类型,传统导向、内在导向、他人导向,这3种类型都为价值观和信念的建立发挥着各自的作用。解决内在导向与他人导向之间的紧张局面,仍然是焦虑的现代消费者的一个巨大的价值来源。我们希望,在融入一个群体的同时,又能有个体差异。对于我的一位女性朋友来说,最能毁掉一次聚会的,就是在聚会上跟另一位客人撞衫,尽管她们都希望被认为同样时尚。

对于我来说,理斯曼最有意思的发现是,社会变得越来越受消费的支配,开始向"他人导向型"转变。由于消费文化的发展,我们变得更加精于读取和使用这种符号价值来表达我们的身份认同。引导者不再是父母了,而是同龄群体和媒体。

理斯曼的观察确实有先见之明。他解释了他人导向型性格的人如何深受折磨,这些人"没有能力知道自己想要什么,同时又满脑子都装满了喜欢的东西"。这些人心目中的偶像就是各消费行业的引领者——演员、艺术家、艺人,他们的消费习惯成了众人瞩目的焦点:"偶像的衣服、食品、女人以及娱乐都是主流的价值观"。这完全就是当今消费文化的真实写照，扫一眼报刊亭的书架就可以证实所说不假。

他人导向型企业

不只是消费者转向了他人导向并最终陷入了挣扎，企业也面临同样的遭遇。痴迷于市场调研、竞争对手分析和消费者研究，都是为了开发一种更强大的雷达。社交媒体上一次又一次的绝望和谋划，暴露了那些急于获得他人认同的人身上常见的一种焦虑。

相比之下，我们最羡慕那些具有很强的内在导向的企业，它们有一套清晰的价值标准、诚实正直并带有使命感，而且倾向于崇拜那些将这种精神发扬光大的首席执行官。电信公司、银行、保险公司、航空公司以及能源供应商被比价网站批判为寡头垄断，因为除了它们我们别无选择。消费者在供应商中挑来拣去，寻找最划算的产品，不是因为我们都对价格极其敏感，而是因为没有什么东西值得我们信赖。

相较于其他很多航空公司，瑞安航空让我刮目相看，因为至少不需要查看它的公司宗旨就能知道他们想做什么：安全、尽可能低的票价以及准点。乘坐瑞安航空的航班或许不是最豪

第四章　法则一：强烈体现消费者的身份认同

华的体验，但是我们会感觉很踏实。因为工作和休假的关系，我乘坐过很多航空公司的飞机，大部分航空公司之间缺乏差异令人无法忍受。这些企业应该做的就是让自己的内在陀螺仪转起来，而不是建立一个更强大的雷达。作为消费者，我们的信念和价值观在消费行为中起着决定性作用，那些强化自我形象的体验深深地吸引着我们。本章剩下的部分将探索如何将这种认知投入到实践中。

消费者剖析♯1——品牌、功能和价格

要提出一个对消费者有吸引力的市场方案，我们需要尽可能多地了解消费者，所以，大部分企业会努力在各种客户档案中捕获这些信息。这样做还有另外一个原因——不同的消费者群体通常有很多，所以我们不仅要知道消费者的相似之处，还要知道他们有什么不同。鲍德里亚的物体价值体系给我们提供了一个良好的开端。拿出纸和笔，回答这些问题：

- 使用价值——所有的消费者都想要一个具备相同功能的产品吗？这些功能是什么？
- 交换价值——所有的消费者都具有同样的预算和支付意愿吗？这些价格区间是什么？

- 符号价值——所有的消费者都希望用同样的意思来表述自己吗？具体要怎么讲？

能准确地回答这些问题，将让你立于竞争的潮头，并为你提供一个坚实的立足点，以了解消费者在更高层次上的差异。

思考一下品牌应该如何表达

如果是符号价值在驱动消费，那么我们需要认真考虑品牌、产品和服务应该怎样来表达。把下列问题的答案写下来：

1. 消费者认为自己属于内在导向型的还是他人导向型的？
2. 品牌反映出了一个社会群体或者社区的成员属性吗？
3. 目标消费者想在多大程度上强调他们的个性？
4. 把产品想象成消费者的化身——对于这些消费者，产品会"说"什么？
5. 符号要把它的故事讲给谁听——自己、其他人还是二者兼有？
6. 哪些人应该能读懂这些符号？
7. 考虑到鉴赏能力——这些符号需要怎样巧妙地设计？
8. 品牌赋予了消费者特有的身份吗？
9. 消费者是否拥有通过品牌表达的独特的价值观？或者

说，还有其他更重要的考虑？

10. 最后，如果你的品牌就是答案，那么问题是什么？（这将会帮助你抓住你认为什么是最重要的。）

> **霍利斯特（Hollister）——符号价值的胜利**
>
> 我最近一次去伦敦的巨型购物中心韦斯特菲尔德（Westfield）的时候，只有一家商店门前排着100米长的队，还有一个保安小组。霍利斯特是加利福尼亚的一个服装品牌，由阿贝克隆比费奇公司（Abercrombie & Fitch）持有。他们把自己的风格定位为"年轻活力、健康自然"。消费者排队想要的不是他们的衣服，而是一种身份认同。从神采奕奕的员工到音乐，霍利斯特的所有体验，都是为了给那些极易受影响的人群提供一个酷的模板。身着霍利斯特，让你成为酷小孩中的一员，这是很多小年轻们非常关心的事情。

增加特性之前要认真权衡

从本章得出的一个关键问题是，并非所有的消费行为都与基础功能或者"使用价值"有关。这与很多企业的认识截然相反，因而，这些企业试图通过增加产品的特性来提高吸引力。这样做有致命的风险，尤其是对那些高科技产品：特性越多，增加新特性的费用就越高，维护成本就越高，通常，产品的性能也更慢。与此同时，使用起来变得更加困难。

最好的一个例子是我家里的电视遥控器。拿起来用时，大家都是一脸惊恐地盯着它看。因为实际要用到的功能，比如开机、频道选择、改变音量或者控制DVD播放器，都被隐藏在大量无用的按键中，这些按键最开始根本不需要用。我不是说特性和价格不重要（其他很多书籍都讨论过这个问题，所以我不再赘言），而且，大部分产品为了保持竞争力，需要进行功能最小化，但是，这只是我们所采用的理论依据中的两个；它们并不是唯一的。

化解个性与共性之间的矛盾

任何大品牌都存在一个社区维度，同时还有一个个人维度。由于产品的符号价值通常与特定人群有关，培育一个品牌社区对于强化符号价值就显得尤为重要。社交媒体让这项工作变得前所未有地容易。一个明显的做法就是让自己与现有的社区保持一致，这是大部分赞助和传统广告背后的驱动力。

第四章 法则一：强烈体现消费者的身份认同

> **沙夫豪森 IWC 万国表——品牌社群**
>
> 瑞士制表企业 IWC 万国集团在其网站上有个很受欢迎的表迷论坛。上面有个精彩的帖子，标题是"你的 IWC 带你去哪儿了？"。表迷们上传了很多照片，他们手腕上戴着表，后面是有趣的背景，像著名的地标或美丽的街景。这不仅强化了全球社区意识，而且也显示了表迷们的生活方式。此外，IWC 还提供了很大的选择范围，有不同的式样、尺寸和风格，让表迷们得以充分展示自己的个性。

另外一方面，是要允许消费者表达他们的个性。现代科技让这个问题变得非常容易。你的顾客认为共性和个性同样重要吗？他们是在购买商品，还是为了表达个性？

> **耐克专属定制（Nike ID）——表达你的个性**
>
> 耐克专属定制网站允许你选择最符合你要求的鞋子款式，然后还可以定制颜色、材料和图案，以便更好地表达你的个性。这种做法两全其美：你可以通过购买耐克品牌，让自己成为耐克品牌社区的一分子，同时也能显示出你的独一无二。

思考你的信念结构

你的品牌与某个特定的消费者信念相关吗？思考一下如何将它们与你的产品和服务联系起来。

> **Etsy.com 网站——"世界的手工市场"**
>
> Etsy 网站将其使命描述为"让人们有能力改变全球经济运行的方式。我们看到这样一个世界，在这里……人们把原创和出处看得跟价格和便利同样重要"。他们继续说："那些站在我们购买的东西后面的人，让商业有了意义。"该网站也积极强调其社交属性，鼓励用户"与制作者、管理人和其他购物者就你的所爱进行对话"。他们能够在一个由像亚马逊和易贝（E-Bay）这样的电子商务巨头主导的世界里繁盛起来，就是我们的信念如何塑造消费行为的有力证明。

第四章 法则一：强烈体现消费者的身份认同

开发一种个性

内在导向型企业有两种吸引人的，但通常在现代非常缺乏的特质："诚信"和"个性"。我们似乎生活在一个世界，这两种特质都已经成为专业主义祭坛上的贡品。在我居住的地区附近，无论什么时候只要列车出了问题，列车司机每次都会宣读一份千篇一律的通告："我们为由此给您造成的不便深表歉意。"在等待电话接通时，总是听到单调的"您的电话对我们很重要"的说辞，而要等到他们的回答则遥遥无期。这些毫无意义的说辞，彻底丧失了人性。当社会由各种灰暗主导的时候，加入一点点色彩都会产生惊人的效果。一点点个性可能就能让消费者成为回头客。

> **新西兰航空——严肃的玩笑**
>
> 新西兰航空有一部叫作《健身去飞行》（*Fit to Fly*）的安全宣传片里，一名古怪的健身教练理查德·西蒙斯把乏味的安全流程变成了一套练习，其中以全黑橄榄球队队长最为出彩。这种做法不仅令人耳目一新，而且最关键的是，它让乘客对重要的信息给予了更多的关注。这部视频一直在热播，成为 YouTube 上的热播视频，点击量超过了 200 万。

支持理论依据思考

本章得出的最重要的结论是,涉及消费行为时,不存在理性思考一说,只有《买进》(*Buying in*)一书的作者罗伯·沃克尔(Rob Walker)聪明地提出了"理论依据思考"的概念。经过超市货架时,你内心的独白或许是这样的:"我不需要3个这种东西,但它们打特价(放进购物车)……哦,很好吃的饼干!我在节食,但这些是没有面筋的,而且我辛苦一天了(放进购物车)……我需要洗涤液……哦,看看这个,比较环保(放进购物车)。"

当我们购物并把商品随意组合的时候,我们会不断地在不同的理论之间徘徊,所以当小有斩获时,你必须认真思考到底有哪些理论适用于你的品牌,并把它们明确地说出来。这是绝对重要的,因为它为随之而来的整个消费者体验奠定了基础。

> **巴塔哥尼亚(Patagonia)**
> 巴塔哥尼亚是实践生态资本主义的最好例子,源于他们对环境保护和道德承诺的绝对坚守,但我不禁觉得这种说法对他们有些不公平:其实这并不是购买他们产

第四章 法则一：强烈体现消费者的身份认同

> 品唯一的理论依据。事实上，他们的产品也设计完美、质量好得令人难以置信，而且客服工作也做到了极致。为了证明货真价实，他们在产品目录里使用的照片全都是在真实的环境里使用他们产品的真人，而不是在台上摆造型的漂亮模特。无论想找什么样的理论依据，他们都已经想在了前面。公司创始人所著的《冲浪板上的公司》(Let My People Go Surfing)一书中，用了大量的篇幅来介绍他们的产品设计理念，我认为这才是他们成功的关键。如果某种东西毫无用处的话，很少有人关心它是否环保。一种理论依据不足以适用于所有人。

建立品牌现实，而不是品牌形象

一旦明确了适用于企业的理论依据，就以一种易于与内部员工和外部消费者沟通的形式抓住它们，然后将它们传递出去。在我迄今为止的职业生涯中，出席过数不胜数的品牌陈述会，这些都是团队为打造中心控制的品牌形象而举办的。这类活动大都忽视了一个问题：你需要建立的是品牌现实，而不是品牌形象。打造一种极致的消费者体验，品牌价值自然就能提升。

> **约翰·路易斯(John Lewis)**
>
> 约翰·路易斯这家百货商店是如何成为商业大街上的宠儿的？他们真正做到了所承诺的"从不有意在质量、价格和服务上面打折扣"。不管走进哪家分店，不管要买什么产品，你都会觉得很踏实。

一旦确定了理论依据，就需要全心全意地把这些理论依据渗入到体验的每一个单独的元素里。这些理论依据是消费者体验的基石，因为它们确定了我们的期望。通常在购买东西前，我们就会通过广告、浏览网站或者朋友的推荐而接触到某个品牌。走向成功的最佳途径，就是要确保将市场营销或品牌推广设定的初心传递出去。

小　结

- "想要"是一种比"需要"更为强大的动机。
- 社交群体通过消费来定义自己。
- 我们购买的所有东西都反映出我们的价值观、信念和自我形象。

第四章 法则一：强烈体现消费者的身份认同

- 极致的消费者体验帮助我们解决了个体表达与群体归属之间的矛盾。
- 认真思考，对于消费者，品牌要"说"些什么。
- 专注于打造品牌现实而不是品牌形象——这是极致消费者体验的基础。

第五章

法则二：满足消费者更高的目的

在一部电影中，真正让每个人物有趣的是隐藏在他们所说的话、所做的事之后的目的。消费者也一样：他们想要的和需要的东西都是衍生出来的，满足它们背后隐藏的更高目的才是极致体验赖以建立的基础。本章将告诉你，如何塑造消费者的目的才能为改进带来新的机遇，并帮助你在产品或服务层面建立正确的消费者体验。

第五章 法则二：满足消费者更高的目的

> 人们不是想买四分之一英寸的钻头，而是想要四分之一英寸的孔！
>
> ——西奥多·莱维特（Theodore Levitt）

产品或服务的基本宗旨是满足消费者的一个目的。消费者有很多目的，成功的产品能帮助他们实现目的，所以，在把体验做到尽可能完美之前，我们要知道它的最终状态是什么样子。如果我们要打造一种满意的产品或服务，必须问问自己："消费者的目的是什么？"

对于工业革命前的工匠来说，要回答这个问题相对简单。消费者就在那里，想要一张四条腿的餐桌，木质的，带抽屉以便收纳餐垫。同样，对于很多与消费者保持紧密联系的小企业来说，也很简单；如果人们是因为你是谁而购买，像达明·赫斯特（Damien Hirst）的艺术作品，那就更简单了。

但是，在那些很多员工从来没有与消费者接触过的庞大企业里，情况又如何呢？那些拥有不同类型客户的公司又会是什么情况？在作为设计顾问的日常工作中，我自己通常并不是所设计产品的目标消费者。我怎样去了解这些人的想法？如果你准备创业，但又无法确定你的目标消费者是谁，你该怎么办？现在，事情没那么简单了吧。

感应与共鸣

要知道消费者需要什么,就要站到他们的角度去思考问题。这样做的最佳途径应该就是心灵感应。在电影《偷听女人心》(*What Women Want*)中,广告设计师尼克·马歇尔(梅尔·吉布森饰)遭遇了一次莫名其妙的变故,让他可以读懂女人心思。这种功能让他知道了很多事,尤其是发现很多人都不喜欢他的大男子主义做派。他很快就意识到这种心灵感应是一种多么好的天赋:随着他开始真正理解周围的女人,他对同事的态度、他的人际关系以及事业全都得到了改善。就像影片中他的治疗师所说:"如果男人来自火星,女人来自水星,而你能说水星话,那世界就归你了。"这个说法非常好地总结了所有企业的首要目标:如果我们能够真正了解消费者,世界就是我们的。

遗憾的是,在现实世界里,我们不会心灵感应,所以必须通过别的方式来了解消费者的需求,也就是说,我们需要建立共鸣。要与消费者产生共鸣效应有多种方式。第一种是秉持"我想要的其他人也会想要"的想法为自己设计东西。这种称为自我参照设计的方法,遭到了大多数以用户为中心的设计专家的反对，他们坚持认为，时刻牢记你不是自己的客户这一点很重要。我不同意这种说法。

为像你一样的人设计东西，意味着不需要做各种繁重的消费者研究和市场调研，因为你对消费者想要什么有一种与生俱来的感受。这是巴塔哥尼亚创业的方式，是 37 Signals 公司创业的方式，也是戴森(Dyson)创业的方式。"自己的痒自己挠"是开发新产品的好方法。"与别人产生共鸣的最快方式就是像他们一样。对于公司来说，答案就是雇佣他们的客户。"戴夫·帕特奈克在《谁说商业直觉是天生的》一书中这样写道。我们常常在赞美政治家时说他是"大伙的贴心人"，而不会称赞他是"跟大伙一点不像，但是把大伙研究透了的人"。

当然，这样做是有局限性的。很多企业在创业之初由于很贴近消费者而获得了成功，但随着时间的推移，公司也变得越来越大，他们与消费者之间的距离拉开了，而且还开始聘用那些与他们的客户相差甚远的人。也有一些行业天然地比其他行业更容易陷入这种状况之中。这是需要认真研究的地方，但也可能会举步维艰。

影子舞动

在《咨询业务的 7 个 Cs》(*The Seven Cs of Consulting*)中，

迈可·库珀(Mick Cope)对"表面问题"和"影子问题"进行了区分。"表面问题"是我们会兴高采烈地讨论的那些问题,而"影子问题"则是我们不情愿分享的那些隐藏的想法或者感觉。我们可能会清晰地提出一整套目标,但实际上里面隐藏了个人计划。我们也许会遭受一种我们认为很愚蠢的恐惧症的折磨,所以宁愿让它控制我们的行为也不会寻求帮助。

表面问题和影子问题之间的不一致,导致了"职场政治"这种噩梦的出现。我曾经有客户信誓旦旦地保证他们会致力于提升自己的消费者体验,但实际上根本就不是那么回事。他们会全身心地投入到升职、节省开支、延长工作合同,或者赶回家给孩子洗澡,或者在老板面前表现得主动认真,或者给自己争取更多的季度奖金。他们可能想做改进,但那只是表面问题。真正驱动人们办公室行为的那些影子问题没人言说,也没人考虑。

这不仅是组织内部常见的问题,在做消费者调研时也会出现同样的情况。最合适的例子来自于史蒂夫·穆德(Steve Mulder)和依夫·雅尔(Ziv Yaar)的著作《赢在用户》(*The User is Always Right*):"索尼(Sony)要推出录音机时,公司召集了一组潜在消费者进行讨论,焦点集中在新产品应该是什么颜色:黑色还是黄色。经过一番认真地讨论之后,潜在买家们一致认为,消费者应该更喜欢黄色。会议结束,组织者对大家表示感谢,然后说,作为奖励,他们可以在出去的时候免费带走

第五章 法则二：满足消费者更高的目的

一台录音机。录音机摆成两排，一排黄的，一排黑的。所有人都去拿了黑色的录音机。"很显然，人们所说的并非总是真实反映了他们的想法，所以我们需要找到一种了解影子问题的方法，看它们是如何影响消费者需求的。

我们不能只问消费者他们的目的是什么，因为他们也许不能或不会给出有意义的答案。我们在前面的章节中已经探讨了消费者会这样做的原因：在调研过程中，"理论性思维"会阻碍他们给调研人员提供其需要的真实想法。我们需要做的是专注于构建与消费者的共鸣联系，而不仅是采访他们、举办研讨会或者尝试与他们共同设计某个东西。调研不只是你在每个项目开始时要做的事情。它应该随着时间的推移，着眼于与消费者建立更深入的共鸣，这样你才能清楚地知道他们现在需要什么，还会知道他们将来需要什么。从我的经历来看，很少有人这样做。项目规划提出后，调研从一开始就限制了时间，通过测试和反馈环节来贯穿整个流程。调研通常只是针对少数几个目标群体和访谈的定量数据做SWOT分析（态势分析）。这种方法永远不可能带来显著的改进。

除了花时间与消费者相处之外，你别无选择。去了解他们，观察他们使用产品的情况，看他们的难处在哪里，以及他们喜欢什么。培养同理心比收集分析数据和事实更为重要。你必须让员工走出去，接触真实的消费者，体验他们所体验的。如果高级经理每年花几天时间接听客服电话，世界将是另一个模样。如果高级经理像消费者一样切实地去体验，也会有帮助。假设电信公司的首席执行官电话坏了，你认为他会拨打售后服务电话吗？你认为汽车制造商的首席执行官会获得与普通消费者同样的体验吗？当然不会，但他们却应该这样，因为没有来自于这些体验的共鸣，他们做不出正确的决策。

辨识目的

很显然，要辨识消费者的目的，就要与他们建立一种理解，但是目的究竟是什么意思呢？为什么要关注目的而不只是消费者想要完成的任务呢？在艾伦·库伯（Aalan Cooper）有关用户中心设计理论的开创性雄文《About Face：交互设计精髓》一书中，他解释道，目的很重要，因为它们开宗明义地解释了消费者为什么要做这件事情："目的促使人们实施活动……弄清楚用户为什么会执行某些任务，设计师就有了极大的动力去改进甚至消除那些任务，而同样的目的仍然能实现。"这是打造极致消费者体验的一个基础内容。我们首先需要知道如何将产品或服务纳入整体蓝图，然后再思考消费者实现目的必须承担的活动和任务。这就为我们提供了工作中必须遵循的基本层级：目的是活动的基础，而活动则由任务构成。库伯在这个领

第五章 法则二：满足消费者更高的目的

域的工作是个有意义的起点，我将在此基础上继续搭建。

更高的目的

我们从库伯关于目的的一个例子开始，来解释我为什么认为这种方法还可以改进。库伯写道："从圣路易斯飞往旧金山的旅途中，人们的目的很可能包括快捷、舒适并安全地旅行。"是的，这些确实是很重要的经验目的，但是他漏掉了一些东西：没有谁飞到旧金山只是为了到达那里，还有一个更高的目的，是这个目的引发了这次飞行活动。

思考一下这个简单的例子：布莱恩和珍妮在度蜜月。史蒂夫有一场客户会议。詹姆斯要出席朋友的葬礼。他们都搭乘经济舱飞往旧金山。然而，尽管他们之间有很多相似性，但是这三者存在着差异巨大的更高目的，认真思考这些目的，可以为航空公司打开一个充满机会的世界。度蜜月的人想要一生仅此一次的旅行，对于他们来说，从离开家的那一刻起，这一切就开始了。商务旅行者的核心要求是与客户进行一次对话。而出席葬礼的人必须不惜一切代价按时抵达。假定航班取消或者严重延误，如果你知道这三个不同消费者群体的更高目的，你就能这样处理：给度蜜月的人提供头等舱候机室体验，等待期间，他们可以免费获得意想不到的奢华享受；给商务旅行者提供私人会议室，他可以在一个安静的环境里召开视频会议，或至少做些有用的工作；帮助出席葬礼的人寻找另外的途径，或者换一家航空公司，或者到另一个机场中转。机会是无穷无尽的。我刚刚突发奇想，对于度蜜月的那一对夫妇，你可以把机票装进贺卡里派送给他们。这个"旅行原因"的信息，你可以在订票过程中十分容易地捕捉到。

从简单的目的着手，有可能提供良好的体验，但要创建极致的体验，需要满足消费者更高的目的。很可能竞争对手跟你一样，都明白消费者的基础目的。普通人都知道，人们希望旅途飞行舒适、安全而且快捷。要为提升体验创造新的机会，就要看得更远。很多企业在出现问题时缺乏替代措施，就是因为他们忘记了这些更高的目的。经济衰退、恐怖主义和环境问题都可能对航空旅行产生影响，但是，Skype、即时通信（Instant Messenger）以及 Basecamp 等协作工具也会产生影响。

迄今为止讲过的内容：

本章至此我们已经涉及了下面几个要点：
- 消费者体验的核心是满足一个目的。
- 要识别这些目的靠的是与消费者有着共鸣似的理解。
- 我们都会遇到表面问题和影子问题，那些影子问题通常是我们行为最强大的驱动力。
- 关注目的比关注任务更有用，因为目的会让我们对消费

第五章 法则二：满足消费者更高的目的

者想要什么有更深层次的了解。
- 这些目的来源于一个更高的目的。

要把所有这些结合起来，我们需要的是一种与消费者产生共鸣、理解他们的动机、弄清楚影子问题、并将所有这些与更高的目的关联起来的实用方法。我们对待消费者体验要像演员对待剧本一样，总是尽力设身处地地为角色着想。这正是演员们在运用斯坦尼斯拉夫斯基体系时所做的事情。

心灵体验

康斯坦丁·斯坦尼斯拉夫斯基（Konstantin Stanislavski）是一名演员，1863年出生于俄罗斯。他是首位基于对人们日常生活的研究，提出一种系统性表演方法的人。他的思想几乎被纳入所有戏剧课程中，这种思想的运用，在整个表演的专业领域都广为流行。他倡导"心灵体验"，这是一个分析并认真审读剧本细节的过程，让演员真正沉浸到角色里，从而能很逼真地表现出来。

斯坦尼斯拉夫斯基为我们提供了一个综合框架，帮助我们读懂别人的话外之音，了解他们的所作所为，从而揭露出隐藏的目的。他采用了5个简单的概念，这些概念同样适用于消费者体验,就像他们对待剧本一样。这5个概念解释如后,我将告诉你如何将它们应用到消费者体验中。

1. 超级目的

超级目的支撑起一系列较低级的目的。它是最高层的目标。它们涵盖了一系列特定的目的。从尽量想清楚"这可能是什么"着手。最简单的做法就是不停地问自己,消费者为什么会使用你的产品或服务,一直到找到超级目的为止。举个例子,我们想一下购买照相机可能产生的超级目的:

目的是拍照片。"为什么会想做这件事?"
捕捉某一时刻或场景。"为什么会想做这件事?"
以便能够分享。

我们现在有了一个可能的超级目的:与他人分享我们的体验,以及我们看待世界的方式。

柯达已经经营了133年,曾是世界上最具创新能力的摄影公司,然而它在2012年1月申请了破产保护。批评家认为,这源于他们未能对数字摄影变革做出反应。这种说法或许没错,但是随着智能手机的拍照性能大大提高,大多数消费型的数码相机生产商都遭到强烈的冲击。我们把柯达的命运与那些把业务瞄准在图像分享这个超级目的上的企业做个对比:Facebook(脸书)以10亿美元的价格收购了照片分享平台Instagram(照片墙),以照片为主的博客平台Tumblr(汤博乐)

现在价值 8 亿美元。在 2010 年新年夜的那个周末，有多达 7.5 亿张海量照片上传到 Facebook。人们拍照的数量达到了空前的水平，柯达过去没有意识到这一点，现在仍然没有，这真是件丢人的事情。

利用我网站（www. mattwatkinson. co. uk）上的电子表单，或者就拿一张白纸，开始思考一下消费者的超级目的会是什么。当然有可能不止一个，但这个练习的真正用意是让你从新的角度来思考你的业务，并留心新的机会。亚马逊意识到，消费者的目的之一有可能是订购一本书，那么超级目的就可能是阅读书里的内容，因而打造了 Kindle 电子书阅读器，它完全放弃了纸质书的形式，提供了更大的便利和更少的成本。截至 2011 年圣诞节，这款产品每周出货超过 100 万台。

2. 潜台词

关于潜台词最好的描述是，人们所说的与他们真实意思之间所存在的差异，是驱动行为发生的一种隐藏的思想和情感。潜台词是最难识别的，然而通常是消费行为最强大的驱动力。

回顾一下我们在前面章节中谈到的关于消费者身份认同的内容，尤其是他们使用什么理论依据，以及附着在产品或服务上的符号价值是什么。你能想象一位消费者走进一家豪车店，对推销员说："我在寻找一种身份符号，让我对异性充满吸引力，向所有人炫耀我多么富有和强大。"的场景吗？这不太可能发生，但是潜台词却可能是这样。玩彩票的目的当然是为了赢，但是在很多方面，我们实际上是为了获得幻想赢钱的那种愉悦。我常常想，慈善捐赠，让自己获得良好感觉的成分到底会比帮助他人的成分多多少呢？尽管这个目的似乎不宜公开表述。我们需要尽一切可能识别出影子目的或者潜台词是什么。甚至只需对此思考几分钟，也足以帮助我们从不同的角度考虑消费者体验。

3. 目的

目的是某人为什么从事某项活动或者任务的基本理由。你要为每次体验的所有环节记录下这些目的，因为它们组成了体验的"成功指标"。在消费者体验项目中，最常见的就是企业还没有形成"成功到底是什么"的清晰愿景，却在设计上跑得太快。没有这些指标，我们不知道最后到底是成功了还是失败了，我们无法有效测算报价，项目从一开始就漫无目的地随波逐流，因为缺乏大家一致认同的愿景以让团队努力去达成。从识别满足超级目的的各种目的着手，随后逐步将它们进行分解。

回到航空公司的例子上，乘客的目的也许是在某个日期和时间到达旧金山，但是还会引发一些其他的目的：

- 决定旅行的时间
- 找到最便宜的机票

第五章 法则二：满足消费者更高的目的

- 确定去机场的方式
- 收拾适合旅行时间和目的地天气的行李
- 准时到达机场
- 托运行李
- 过安检

思考一下这些目的，我们可以发现海量的机会。即使我们只考虑收拾合适的行李这一目的，为什么不在消费者出发前几天给他们发一封有关旅行目的地天气预报的电子邮件呢？我老是会忘带手提电脑电源插头的国际适配器，所以常常得在机场买一个，或者在目的地跟同事借一个。为什么不能在消费者乘坐航班的前天晚上给他们发一封电子邮件或者短信，把容易忘记的事项列个表呢？你也可以在 YouTube 视频网站上找到如何打包衣服而不至于在航班上弄皱的小窍门视频，但是我从未收到过航空公司发送的任何这类有帮助的东西，尽管相对来说成本并不高。

要发现这些机会，我们需要扩展对于消费者体验的定义。我通常从一张白纸开始，围绕一个目的不断地写下前提条件，直至追溯到体验的起点，就像我刚刚在航空公司的例子中所做的一样。然后又反过来，一直追溯到终点，记录下尽可能多的目的。这是一个非结构化而且繁琐的任务，所以不要有什么顾虑。从任何地方都可以开始，紧跟自己的感觉即可。很快你就会发现，体验中过去从来没有想到过的内容会越来越多地浮现出来。

4. 矛盾的目的

现实世界中，我们都拥有不同的目的，并且在某个点上，这些目的会不可避免地相互冲突。这种矛盾几乎总是出现在消费者目标和企业目标之间：简单层面上，我们想要利润，而消费者希望物有所值——我们需要在这里达到一种平衡。

我们多半不会主动考虑这两个互相矛盾的目的之间的关系，这样可能会给双方带来严重的后果。在本书前面的章节中，我讲到了我是怎样被客户要求把客服电话号码做得不那么显眼的。这是矛盾的目的影响消费者体验的经典例子。忽视这些矛盾的目的，它们不会自己消失；缓解这种紧张局面的最好方式就是先发制人，找出具体的办法来消除这些矛盾。

要做这件事，需要列出两份清单：一份是消费者的目的，另一份是企业的目的。跟上面的例子一样，先找出两者间存在的明显冲突。识别问题是解决问题的第一步。另一种方法，对于那些已经明确了的消费者目的，就从找出它们的矛盾目的入手。我们也需要从一开始就考虑可能会存在什么限制。无限的预算和时间从来都不存在，而且在我们制度内所能做的事情，常常会面临技术上的限制。很多企业受制于行业监管或者法律规章。我见过很多企业浪费掉成千上万英镑，因为他们从来没有考虑过会遇到什么障碍。

第五章 法则二：满足消费者更高的目的

举个例子：网上购物时，消费者的目的可能是尽快完成交易，而企业的目的则相反，想让消费者注册一个账号，以促成重复购买，并让他们能发送营销电子邮件。在大部分电子商务结算流程中，他们首先会问你是否有登录账号，如果没有，就会迫使你注册一个。其实与要求对方预先注册一个账号相比，更好的设计是先让对方完成结算流程，输入他们的住址和支付细节，最后再给他们提供一个选择，挑选一个用户名和密码以便记录网购的详情，方便以后购物：这样做你就得到了所有需要的细节。通过让流程更加快捷而消除了一个可能的销售障碍，它实现了相同的结果，并且是一种更加以消费者为中心的体验。

我们常常发现，由于技术或法律要求，我们不得不要求消费者完成一些不情愿的流程，诸如填写额外的表格，或者以不常见的顺序完成一项任务。解释一下为什么需要这样做，会让这些体验变得更易于接受。普雷特（Pret A Manger）就是一个绝佳的案例。他们的柜台上有张贴纸，上面写着："增值税噩梦：按照法律规定，堂食需要加收增值税。"这是一种有趣的方式，解释了为什么外卖和堂食的食品及饮料价格会不同，还彰显出了企业的个性。

5. 利害关系

每个目的对于我们的重要程度都不同，决定了我们追求它的意愿有多强烈,以及容忍它矛盾目的的可能性有多大。再次回到航空公司的例子,赶赴葬礼者的利害关系要比商务旅行者的高得多。

作为消费者,当我们未能如愿时,有时会被迫提升冲突的利害关系。比如,颇为常见的情况,当怒火中烧的时候,会威胁把事情闹大,以迫使公司采取行动。最近我与移动电话公司交涉时,我发现这种做法很有必要。当时我试图重新选择套餐,因为之前被他们误导了。客服代表坚持让我用原来的套餐,直到我威胁说要离网,这时我被从客户服务部转到客户挽留部,在这里他们才对我的要求做出了让步。这件事无意之中成了一个很好的例子,说明了很多大型企业的部门结构是怎样在消费者体验中植入误导性期望的。

辨别其中的利害关系,揭示出目的的另一个关键方面:目的越重要,人们投入的情感就越多。设想一下两次不同的公交车出行。第一次,我只是进城购物;第二次,我去机场赶我的假日航班。如果我出门晚了,错过了公交车,思考一下我这两次出行会有怎样的感受。第一次,我可能会有点恼火,第二次可能很沮丧、焦躁和生气。因为目的越重要,就越会感情用事。现在想象一下,公交车司机看到我正跑向停车站台,于是多等了几秒让我上车。在第一次的情况下,我将会为他的好意表示感谢,而第二次我更会感激不尽。

贝拉·梅琳是一位斯坦尼斯拉夫斯基体系的专家,她是这样描述的:"当某件事情或者某个人让你无法实现目的,或者让你能够实现目的的时候,情绪就产生了。你越需要达到你的目的,当你受到阻碍或者当你的追求变得更容易时,你的情绪反应就越强烈。"

在改进消费者体验的时候,从情感分量的角度弄明白目的是很有价值的。它有助于与消费者建立共鸣,并且对于优先关注哪些因素也会给予更多的考虑。满足高利害关系的目的是通向极致消费者体验的正确道路。按顺序梳理这些问题是一项真正有意义的练习。因为被骗而打电话给银行挂失信用卡,是一个高利害关系的目的。而致电他们变更地址所涉及的情感程度则低得多。

消费者剖析♯2——超级目的和目的

在上一章,鲍德里亚的目标价值体系为我们提供了一种通过思考吸引消费者的符号价值、使用价值和交换价值,从而在"品牌层面"剖析消费者的方法。斯坦尼斯拉夫斯基的模型种类,通过观察消费者的特定目的以及它们之间的差异,提供了在"产品或服务层面"剖析消费者的方法。思考"超级目的"而不是单纯的"目的"的一个好处在于,它们之间通常没有明显的差异。很容易出现最后各种分析文件堆积如山的情况，这会让设计流程彻底失控。尽量将分析文件的数量降到最低，只有在差异显著的情况下才提出新的文件。

小　结

- 消费者体验的核心是满足一个目的。
- 识别这些目的，始于对消费者怀有共鸣似的理解。
- 我们都有表面问题和影子问题，而那些影子问题通常是我们行为最强大的驱动力。
- 关注目的比关注任务更有用，因为这些目的让我们对消费者想要什么有了更深入的了解。
- 我们可以运用斯坦尼斯拉夫斯基"心灵体验体系"帮助我们与消费者产生共鸣，并识别出他们的目的。
- 超级目的是消费者的最高目的，他们在实践中的所有目的都来源于这个超级目的。
- 可能有潜台词——一系列隐含的目的是消费者行为真正的驱动力。
- 目的常常与矛盾的目的或者限制条件产生冲突，这个问题必须从一开始就认真考虑。

第五章 法则二：满足消费者更高的目的

- 每个目的都存在利害关系——利害关系的程度越高，我们实现该目的所涉及的情感就越多。思考一下所涉及的利害关系，有助于我们优先考虑体验中那些最重要的元素。

第六章

法则三：注重细节

打造持续、顺畅的消费者旅程，需要考虑、规划和设计所有的互动。任何细节都不能忽略。本章将告诉你，如何将消费者体验分解成易于管理的小部分，以便针对每个互动都可以进行考虑和改进。

第六章　法则三：注重细节

> 好的设计是一丝不苟的。没有哪个环节可以随心所欲或者靠碰运气。设计过程的认真和精准是对消费者的尊重。
>
> ——迪特·拉姆斯(Dieter Rams)

本章有个简单的要点：消费者体验中的任何细节都必须考虑，无一例外。思考一下这段话，摘自罗伯特·格林(Robert Greene)的《诱惑的艺术》(*The Art of Seduction*)：

"从20世纪40年代到60年代初，帕梅拉·丘吉尔·哈里曼与世界上一些最杰出的，或者最富有的人发生了很多绯闻。吸引这些人并让他们俯首帖耳的，不是她的美貌、她的血统，也不是她活泼的个性，而是她对细节超乎寻常的注重。从她倾听每句话的专注表情开始，自始至终不会有一丝一毫的疏漏。一旦走进家门，她会摆满你喜欢的鲜花，让厨师做出只有在最好的餐馆才能尝到的菜品。你只要提到喜欢的艺术家，数日之后这位艺术家就会出现在你举办的聚会上。她会为你找到精美的古玩，按最能取悦你或者让你兴奋的方式梳妆打扮，而且她做这一切的时候没有任何多余的语言……哈里曼对细节的留意让她生活中的所有男人都如痴如醉。生活是残酷的，竞争比比皆是。处理细节时令人舒心，会让他们对你依赖有加……任何人都可以说出恰如其分的话来……一颦一笑、贴心的礼物，小细节似乎更加真实而且无坚不摧。"

留意细节不仅是充满魅力的秘诀，也是极致消费者体验的秘诀之一。我们在意细节，因为这些细节也表明企业在意我们。

汇总边际效益

细节之所以重要，其实还有另外一个理由：整个消费者体验其实是由很多小互动构成的。如果你对每个细节都进行改进，哪怕只是一点点，那么，这些细微的完善加起来就会带来大的收获，英国自行车传奇教练大卫·布雷斯福特（David Brailsford)将这种方法称为"汇总边际效益"。

根据我的经验，想改进消费者体验的客户都是从实施一个项目开始，期望越高，项目规模也就越大：涉及的利益相关者更多、需要做的改变更大、持续时间更长，而且预算也更高。出发时怀揣着宏大的战略愿景，结束时却落得个泪流满面。以这样的方式开始，单就确定项目范围就要花费很长时间才能达成一致，然后，进行可行性评估时，他们又发现，公司的整个技术基础架构都需要替换掉，这会造成工作量翻倍，而且要创建更多的前提条件。需求文档从几页增长至几百页。总之，局面失控，一片混乱。最终，没有任何收获，或者，就算有一点收获，也因为来得太晚而与当初的目的没有任何干系；或者是付出的代价太高,几乎没有回报可言。你是否有过这样的情况:看着某家公司的产品或者网站,心里禁不住会想:"他们为什么不完善一下呢?"他们没有这样做,原因可能就是上面说的这种情况了。他们不会想着解决小问题,他们想的是改天换地,但最终都是以失败收场。

另外一种情况是想要"速赢",这是一种更重实效的方法,但通常,"速赢"其实意味着"慢败"。在实践中,它通常是指那些很容易糊弄的事情,而不是可以彻底做好的小事。速赢的做法让接下来的事情变得更糟,而且就短期效果来看,通常也不能真正把事情做好。

客户实施较小的项目通常最有可能成功。规模小,但是经常做,往往能获得最好的效果。你要的是精而少的人,共同朝着一个清晰且可实现的目标努力。如果他们够聪明,他们就能管好自己。如果他们全身心投入,就不需要谁来监督:只要告诉他们要求,放手让他们去做。大多数情况下,更小范围、更短时间、更小预算以及更少人员的项目,会更加容易实现。

阶段和步骤

在第四章,我们揭示了极致的消费者体验如何反映消费者的身份认同,它帮助我们在"品牌层面"提升体验。第五章,我们知道极致的消费者体验需要满足更高的目的,这帮助我们在"产品或者服务层面"获得正确的体验。本章从"互动层面"来观察消费者体验,让我们对体验的层级有了全面的了解,当我们在确定需要改进的领域时,能为我们提供一个完整的结构作参考。

如果你不知道对消费者而言什么最重要,就不能把正确的品牌价值灌输到体验中,而且,如果不把产品的特性和功能与消费者的更高目的联系起来,就无法评估这些特性或功能是否有意义。但品牌承诺和更高的目的这二者都是通过消费者与企业之间的每一次互动来传递的。打造极致的消费者体验,我们需要确定这些互动是什么。

诱惑总是不期而至,让设计人员和各种令人激动的想法蠢蠢欲动,因为这是最有趣的部分。但是在动手之前,我们需要确切地知道需要设计的是什么。我发现通过把消费者旅程分解为两个我称之为"阶段"(stages)和"步骤"(steps)的层级,这个问题最容易解决。我这样做有 4 个理由:

1. 将由小步骤组成的大阶段区分开来,有利于我们在不同的细节层面上观察体验。有一个宏观的参照很有帮助,因为涉及小互动时,我们很容易迷失在细枝末节里。

2. 把体验分解成一系列小步骤,让我们知道不同阶段的所有前提条件,不至于悔之晚矣。在项目工作中,没有什么比漏掉一个关键条件而不得不重新设计全部模块更糟糕的了。

3. 把消费者体验看成一系列小步骤,有利于我们知道事情发生的先后顺序,从而能把体验无缝衔接起来。

4. 有助于我们识别体验中的问题并确定轻重缓急,这样我们就能集中精力以获取快速改进的方法。它还能帮助我们把项目维持在一个易掌控的规模。

识别阶段

在这个过程中,我们知道品牌层面的体验应该是怎样的,并且我们已经利用斯坦尼斯拉夫斯基的心灵体验技巧,识别出了消费者的目的。从消费者分析中最重要的"超级目的"和"目的"入手,记录下消费者体验中需要满足其需求的各个阶段。

你需要回答的问题是:"要想达到目的,消费者自己需要做什么?"回头看我们前面提出的机场例子,问题就变为:"要准时赶赴旧金山参加葬礼,詹姆斯需要做什么?"

重新在脑子里过一遍上次的航班情况,我将下面这些阶段作为切入点:

- 规划行程
- 找到最便宜的机票

- 购买机票
- 收拾行李
- 去机场
- 办理登机手续
- 安检
- 等待离港
- 去登机口
- 登机
- 飞往目的地
- 下飞机
- 过边检
- 取行李
- 在到达口找朋友
- 离开机场
- 到达目的地

从这个例子我们可以看到，体验的组成部分比我们想象中多得多。我的飞行体验是，如果对消费者体验的投入只限定在这些列出的阶段，那是远远不够的！

如果不确定有哪些阶段，有两个方法可以帮助你进行阶段识别。一种方法是先在最高层面思考消费者旅程，然后往下推。比如，你可以从适用于大部分企业的 4 个简单阶段开始：

1. 发现品牌

2. 购物
3. 使用产品或者服务(一般称为"产品生命服务期")
4. 售后支持

随后,你可以进一步把它们分解成更小的阶段。如果我们为超市进行体验评估,就会选择"购物"阶段,并进一步细分。另外,给每个阶段和步骤设定唯一的参考编号会很有帮助,方便以后与同事进行分享交流。

购物阶段
2.1 店内自我导引
2.2 浏览周边商品
2.3 向店员寻求帮助,寻找商品
2.4 带着商品去收银台
2.5 结算
2.6 把商品搬上车

场景化会有帮助

一个有助于识别消费者旅程中各个阶段的常用方法是,利用前面章节中各种消费者分析作为切入点,写一段简单的场景来引导你的思路。

举个例子："米金丝夫人每周六上午会进行她每周一次的食品采购。"或者"克里夫辛苦工作一天后将在回家的路上去一趟超市，买些方便快捷的东西做晚餐。"你想写多少场景就写多少场景，想增加多少细节就增加多少细节，这完全视你的心情而定，这样做主要是为了帮助你的大脑更好地运转。场景就像脚手架——杵在那里帮助你，但并不是你要设计的东西。不要担心可能发生的每个偶然事件。随着逐步深入细节，这些问题自然会得到圆满解决。

定义成功的标准

给每个阶段制订一套判断成功与否的标准至关重要。这件事做起来应该很简单，因为你可以利用前面章节中识别出来的目的作为切入点。我也会将企业在每个阶段的目标纳入成功的标准，所以你可以开始辨别这二者中可能需要解决的所有矛盾。本书余下的章节在定义这些标准时，你还会有大量的工作要做，但是就目前来说，只需要记录下消费者的目的是什么即可，以便把它们时刻牢记心中。

成功标准不仅有助于你把体验维持在正常轨道，还能帮助你在项目团队内部就真正想要实现的目标达成共识。如果不能将某一个阶段与明确的目的直接联系起来,你就需要把这些问题先理清楚,再进行下一步工作。对于测试来说,成功的标准也是至关重要的——如果我们不知道成功是什么样子,也就不可能知道我们是否成功了。下面是"把商品搬上车"这个阶段中可能作为参照的成功标准。

把商品搬上车——消费者的成功标准

- 我可以轻松地找到商场的出口
- 我可以快速地在停车场找到我的车
- 我可以把商品毫发无损地搬到车旁
- 我可以毫不费力地把商品搬上车
- 我可以把推车放在我方便摆放的地方

把商品搬上车——企业的目的

- 在出口处推销更多的商品——咖啡、报纸、杂志、汽油
- 尽量减少盗窃或损坏财物——如推车,等等
- 限制停车场所,仅供自己的顾客使用

甚至在某个看似毫不起眼的阶段,也可能暴露出一些问题。下面是我自己的一些经历:

- 我们当地的超市位于城市中心,停车场采用"先付费后停车"的方式,试图限制顾客使用。尽管在购物结账时会退还停车费,但是必须随身携带零钱真的很烦人。有些顾客回到车上发现被贴了罚单,因为他们没注意这里

是付费停车场。如果你刚刚为购买的食品支付了费用，这种情况尤其糟糕。

- 为了减少推车被偷，并督促顾客不要把它们随意放在停车场，有些商店会强迫顾客在推车里放一枚 1 英镑硬币才能取车。这种做法极度令人讨厌。
- 我家附近的一家超市在出口处设置了一个巨大的旋转门。这对于推车的进出是件非常可怕的事情，特别是对于坐轮椅的人来说，情况更加糟糕。
- 还有一种常见情况是，必须走很长一段路才能到达推车停放处，因为商店更在意让停放空间得到最大化利用。结果是，推车到处摆放，有可能刮花顾客的汽车，而且还需要商店专人出来寻找和收集。
- 我还遇到过把商品搬到汽车上时，购物袋因为太薄而被商品包装的尖角刺破了。
- 要走很长的路才能到汽车旁，可能意味着在雨天你和商品都会被淋湿。
- 老年人或者带小孩的人要把商品搬上车会很困难，要么是东西太沉，要么是他们要拿的东西太多。

上面提到的这些问题都是掩藏的机会。下列建议值得考虑，尽管我相信除了我提到的这些，还会存在更多的机会：

- 顾客可以用会员卡支付停车费。
- 商店可以在服务台提供代币，以防顾客没有零钱。

- 下雨时，店员应该在门口带伞值班，把顾客送到车旁。这种做法不会增加任何成本——那些平常收集推车的员工可以做这件事。
- 店员可以帮助顾客把购买的商品装上车。这里还可以做进一步改进，在顾客到达结算柜台时，询问他们是否需要这项服务，而不是等结完账才问，尽量避免等待的情况发生。如果在刚到达超市的时候就询问，还可能鼓励他们购买更多，因为他们不用担心怎么把东西搬上车。
- 在停车场和超市入口处树立大型标识牌，提醒顾客从自己的车上带好购物袋，这样能尽量减少塑料袋的使用。我们经常会备着袋子，只是老是忘记从车上带下来。

从头开始，到尾结束

在分析消费者体验的各个阶段时，试着把体验追溯到源头，然后一直捋到终点。我们在讨论航空旅行的各个阶段时就提到过这一点。根据我的经验，如果企业的关注范围太窄，会错失很多机会。

继续超市这一主题，用来说明拓宽视野重要性的一个绝佳例子，那就是网上购物。超市着重关注在网站上能快速搜索到商品，保存历史购买记录，并提供良好的送货服务，但是，体验实际上在消费者浏览网站之前就已经开始了，在商品送达之后就结束了。是什么触发了超市购物？可能你打开橱柜发现某种东西用完了；周末为朋友做顿饭；可能是一种日常习惯，每个周六上午去同一家超市，每次购买大致相同的东西；想尝试些新食物，甚至是开始一种新的饮食方式。不管怎样，只要你购买食物，就需要一些计划，尤其是打算从网上购买时。

不幸的是，这个计划阶段被忽视了。通常，你要找一份想尝试的食谱，需要预先知道这份食谱是什么，但是，这些网站都不会对这些新尝试提供任何有益的建议，而且与其他购物体验的结合也很弱。如果他们知道你在网站上订购了一份食谱的所有原材料，为什么不打印一份食谱出来，这样你收货时就能看到？有些在线商家甚至不支持你把食谱的原材料直接添加到购物篮里。

如果我知道本周有5天在家吃早餐，3天在家吃晚餐，还有4天带午餐去办公室，网站为什么不能给我提供一些合适的选择，非得让我一个个去查找？网店入口为什么不能设置一个日历图案的选项而只有搜索框？他们所做的这一切都只是尽量把实体店的体验搬到一种新媒体上，并没有充分利用好网络现有技术所具备的优势。

> **超级厨师网站(Supercook.com)——完美的设计**
>
> 这个网站允许你输入已有的食材,然后根据这些食材,或者增加一些别的,来推荐你能做的食谱。它会有选择地推荐你可能想要的食材,同时也允许你从推荐名单中输入想剔除的食材,从而使发现美食的过程变得更加容易。与通常没完没了地浏览烹饪菜谱,或者搜索关键字的做法相比,这种做法完全不同。

把阶段分解成步骤

一旦找出了所有阶段,就可以把它们分解成相关的具体步骤。对于超市的"结账"阶段,可能包括的步骤有:

阶段内的步骤——结账

1. 找到排队最短的结账口
2. 把商品从购物篮里放到结账柜台上
3. 扫描商品
4. 装入袋子
5. 支付

这些动作看起来不起眼，但其实每一步都有改进的机会。关于步骤和阶段这一方法，最大的好处就是随着项目的进展，你可以不断地将它们分解。你可以从一个大的阶段开始，然后不断缩小，直到无法继续。想一开始就发现所有的步骤是不可能的，这是一个凌乱而耗时的过程，但值得你反复做。不要太在意让工作直线性往前推进。我经常发现，你可以从任何阶段开始，然后不断扩大范围，这种做法非常有成效。

> **维特罗斯（Waitrose）——结账流程**
>
> 在英国的超市中，维特罗斯是目前结账体验最好的一家。在我们当地的店里，店员总是穿得很精神，面带微笑，当你走到收银台时，他们会向你问好。他们扫描商品时总是小心翼翼，并且会打开所有的鸡蛋盒，确保里面没有损坏的鸡蛋，这是种很棒的体验。如果忘了拿商品，他们会很高兴地派人给你送来。最后的点睛之笔是，你会得到一枚绿色的代币，出门时你可以投到三只捐款箱中的一只，这将决定维特罗斯如何分配他们每月向当地慈善机构捐赠的 1000 英镑。
>
> 我们把它与乐购超市（Tesco）做个比较。在撰写本书时，乐购刚刚发布了 20 年来的首次盈利预警。来自《卫报》（*The Guardian*）"现实检查"栏目的消费者评论披露："结账时，顾客被问的第一个问题是会员卡，而不是

第六章 法则三:注重细节

一句简单(而受用)的你好。"另一位消费者评论道:"他们失去了人性化。你得到的服务很差……你与员工没有太多的接触。乐购把人们从商店赶出去了。走进消费者合作社或者维特罗斯,你遇到的是讨人喜欢、消息灵通的员工。在乐购,你得四处寻找他们……实际上,所有工作其实都是消费者自己做的。"

乐购并没有试图改善顾客的结账体验,而是选择通过更多的自助结账来实现自动化。参阅本书第二章内容,这是典型的理性"器材控"的现实版——自助结账意味着店员更少,即成本更低。但现实是,这种做法实际上并不能从根本上改善局面。黛西·古德温(Daisy Goodwin)在《星期日时报》(Sunday Times)上的文章切中要害,她说:"如果想要一种无记名的、没有人情味的零售体验,我们可以网购……自助是个坑——打着方便消费者的名义,其实是为了削减成本……我们大部分人更钟爱这种商店,里面有乐于助人的店员,他们不辞辛劳地帮我们找低脂酸奶,或者在漫长而辛苦的一周结束时对我们微笑……人工服务不是过去式,而是成功企业的未来战略。"乐购最终认同了这个观点,首席执行官菲利普·克拉克承认,他们"有点太远离购物者",并承诺拿出10亿英镑重新修整英国的店面,同时雇佣8000名新员工。

用户剖析♯3——重要因素

当我们着眼于消费者旅程中涉及的最小步骤时,会发现影响消费者决策的很多事情总在不断变化。站在超市的角度,他们可能会考虑:消费者是否有会员卡,他们支付时是用现金、储蓄卡抑或信用卡,他们是用购物篮还是推车。这些都是消费者旅程设计中的"重要因素"。坐轮椅的消费者可能需要帮他从货架上取东西,或者需要一个特殊设计的购物车,然而这些因素通常不会在更高层面(身份认同或目的层面)中得到体现,尽管它们很重要。我们需要做的是生成一份适用于该阶段的重要因素完整列表,然后将它们组合在一起。

首先生成尽可能多的因素列表——他们是老客户还是新客户?他们注册在线服务了吗?客户登录了吗?他们是在网上还是在店里完成这些步骤?他们是在某个特定的地点——家里、办公室或列车站台吗?这份可能因素列表增加的速度非常快,等你读完后面的章节,可能会发现更多的因素。诸如能力(消费者是新手、中等水平还是专家?)因素,在设计互动环节时至关重要。重点是要不停地往列表中添加新内容,并接受你不可能在一开始就把所有这一切了然于胸的现实。我最近服务过一位客户，他敢为天下先，设计了一项服务，结果因为漏掉了一个因素而失去了很大一部分消费者，千万不要重蹈他们的覆辙。

一旦有了重要因素列表，关键是通过查看最重要的因素组合来对它们进行优先排序。假定我们找出了在线超市"注册"阶段的3个重要因素：他们是否有会员卡，他们是否居住在送货范围内，以及他们如何注册。这些变量产生的可能组合见表6.1。

例如：

- 组合1——有会员卡，居住在送货范围内，在线注册——很明显是可以努力改善的目标，因为它可以让消费者获得最佳的体验。我们或许可以使用附在会员卡后面的信息，为他们预先填写注册表单中的大部分内容，这样能节省他们的时间。如果知道他们的住址，或许还能自动检测能否邮寄给他们，让他们免于手动完成这个流程。

表 6.1 在线超市注册阶段重要因素的可能组合

		组合							
		1	2	3	4	5	6	7	8
重要因素	**会员卡**								
	有	●		●		●		●	
	没有		●		●		●		●
	住在送货区域								
	是	●	●			●	●		
	不是			●	●			●	●
	注册方式								
	在线	●	●	●	●				
	店面					●	●	●	●

- 组合 4——没有会员卡，居住在送货区外，在线注册——是另外一组可以努力的目标，因为它代表了最坏的情况。消费者必须手工输入所有信息，最后发现我们无法给他们发货。组合 2 和组合 3 重复使用来自组合 1 和组合 4 的因素，所以我们不用太担心它们，因为它们不是唯一的。

在你工作的阶段，从一两个组合入手，然后记录下成功达成目的所需的步骤。

明确纳入等待时间

如果在消费者旅程的步骤之间存在明显的等待时间,把它添加在列表上作为单独的步骤。如果你知道这些等待时间,就有机会将它们最小化。如果不把它们记录下来,就不会有改进。

考虑顺序和前提条件

所有消费者旅程在各个步骤之间都会有一些前提条件。如果不积极应对这些问题,就会对体验产生负面影响。我首次关注网上购物是因为一个服务项目。我发现有些零售商允许我畅通无阻地为满满一篮子的货物完成结算,最后才告诉我,他们不发货到我居住的区域。有些则采用相反的做法,强迫我创建一个账户后才让我浏览网站,了解他们在卖什么。这两种情况都不是完美的解决方案。

如果你在体验的一个特定阶段工作,那么为该阶段之前的所有前提项建模至关重要。如果这项工作没做好,就会面临很大的风险，要么设计的方案行不通，要么项目范围越扩越大，囊括了所有的前提条件。

把前提条件公之于众，它们才能得到解决，无论什么时候只要你发现了，都把它添加到各个阶段的"先决条件"列表中。在上面的例子中，前提条件是超市能够发货到该地址，所以，"购物"这个阶段的先决条件就是该地址在发货范围之内。对于超市来说，更好的解决方案应该是在主页上做一个对话框，写上类似的话："首次在此购物？请输入你的邮编查看是否在我们配送范围内。"当然，并非每一次消费者体验的每一步都得按同样的顺序来执行，但是如果有流程顺序，就需要按顺序考虑。

详细列出所有接触点

打造极致消费者体验的最大挑战之一，可能是把所有的接触点连接起来。在消费者旅程中，我们可以使用网站、手机应用程序、自动售货亭、商店或致电客服中心。完成一个具体任务我们可能会使用多个接触点。要解决这个问题，你要记下每个步骤，还需要写下消费者使用什么接触点，或者哪些接触点可能对他们有用。我建议你把自己当成消费者，记录你的真实体验。作为模型，这些体验将暴露出不同接触点之间所有脱节和矛盾的地方，你可以在未来改进。

我做了两组图表帮助大家理解。第一组是简单的网格图，接触点作为一条轴线，比如商店、客服中心、电子邮件、社交媒体、网站、手机应用程序；然后，体验的各个阶段作为另一条轴线，比如浏览产品、添加产品到购物篮、结账、确定送货时间。然后，在每一个方格里写下有什么服务，比如，我们可以用手机应用程序结算吗？我们可以用社交媒体提升新产品的关注度吗？通常，把这两个变量简单地标注一下，就会出现各种以前没想到过的新想法。它还能显示出不同接触点之间任何明显的脱节。请参见表6.2作为示例。

第二组图是一张泳道图，我发现很有用，它显示了消费者如何沿着其旅程在接触点之间移动。先画一组平行线，每条线代表一个接触点。然后，给旅程中的每一个步骤标注一个数字，按顺序把它们添加到泳道上。最后它看起来像一幅线形图，显示消费者如何沿着其旅程在不同的接触点之间移动。参见表6.3和表6.4的示例。

这种图表很有用，因为它能帮助团队的其他成员了解旅程的实际情况，也能进一步帮助我们发现更多的前提条件。当你开始考虑让消费者在不同的接触点上完成任务时，你会发现，前提条件变得复杂了很多。

表6.2 乘列车去往伦敦的行程中，我在不同阶段可能使用的接触点

位置	阶段	接触点						
		网站	手机应用程序	电话系统	停车计时	自助售票机	出发显示屏	售票处
在家	1. 查询次日上午列车时刻	●	●					
	2. 查询延误班次的实时出发时间	●	●					
停车	3. 停车							
	4. 支付停车费			●	●			
列车站	5. 购买列车票					●		
	6. 查找出发站台	●	●				●	●

为说明这两种图表的实际运用，我在表6.2中标出了坐列车去伦敦行程的第一部分，表上显示了乘列车去往伦敦要经历的一些阶段以及可能使用的接触点。从这里可以看出，要支付停车费，我必须使用电话系统输入车牌号和信用卡信息，或者在停车场的自助服务终端用现金支付。然后，我去另一个自助售票机或售票处购买列车票，再在另一块显示屏上查询列车出发的站台。

表6.3的泳道图显示了上午的基本行程，以及每次互动使用的接触点。我在前一天晚上使用手机应用程序查询列车时刻表。离家之前我再次使用这款应用程序，查看该条线路有没有出现晚点。然后我驱车到列车站，停好车并使用电话泊车系统

支付停车费。然后我在车站的自助售票机买了车票,之后查看出发屏,寻找上车的站台。

表6.3 伦敦之旅开始时,我在不同阶段使用不同接触点的泳道图

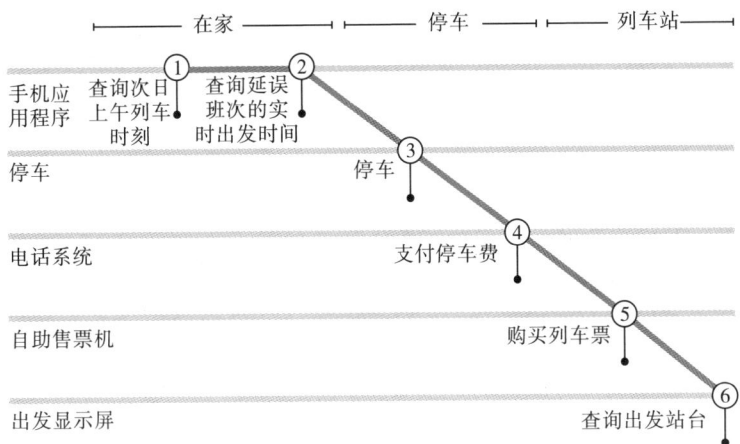

看到这里,我马上发现有两个地方可以改进。首先,我使用了两个独立的接触点来完成两个不同的任务,它们都需要使用信用卡或储蓄卡进行交易:支付停车费和购买列车票。我要做的第一个改进是,允许消费者在自助售票机上购买列车票时,也能支付停车费。这会减少消费者需要完成的交易次数,让他们不至于在匆忙中忘了使用电话系统支付停车费。我要做的第二个改进是,消费者在自助售票机等待车票打印时,屏幕上会显示与所购车票相符的列车及其停靠站台。这样可以进一步简化消费者旅程,节约他们的时间和精力。由此产生的消费者旅程参见表6.4。

表 6.4 做细微调整后的伦敦行程

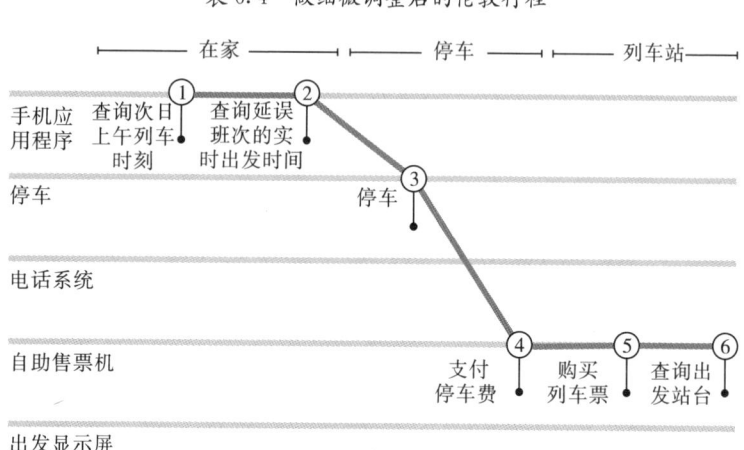

身份认同、目的、阶段和步骤

本书的头三章应该已经帮助你形成了一个完整的消费者体验二维分解:从上到下审视体验,我们现在应该知道,品牌体验应该怎样与消费者的身份认同联系起来,这是首先要做的,也是最为重要的;产品和服务体验应该怎样与他们的超级目的联系起来;而在互动层面,作为体验的一部分,消费者需要完成哪些任务,把这些任务先分解为阶段,然后再分解为步骤。

按顺序观察体验,我们现在也知道体验真正从哪里开始,在哪里结束。这个过程可能是循环的,也可能是直线的,但是

第六章 法则三：注重细节

我们应该知道体验的每个环节以及它们发生的顺序。此刻，我们已经有了体验的肉和骨头，本书后面将告诉你如何把每一个互动都做到最好，从而让它们获得生命。在继续后面的话题之前，我先用4组微妙的细节设计来启发你。

维松（Vitsoe）——漂亮的储物架

维松储物架对细节的关注是超乎寻常的，这毫不奇怪，因为该系统由迪特·拉姆斯设计，他也是本章开篇引言的作者。每一套储物架系统都带有免费赠送的水平仪，精准的搁板宽度，让安装工作尽可能简单。不同种类的螺丝装在各自的帆布袋子里，这些袋子都可以重复使用。包装箱折叠放平，如果你要搬家并想带走架子时可以再次使用，这个架子你当然会想带走，因为它设计和制作的质量摆在那儿。这些只是他们系统中那些了不起的细节中的少数几个。细节也永远强化着公司的价值观——最少浪费、重复使用、经久耐用，当然还有卓越的设计。如果一家公司能够让挂架都成为一种令人难忘的体验，那你还有什么理由不这样做呢？

徕卡相机（Leica）——完美的拆箱体验

徕卡相机的包装，第一次把拆箱过程设计成了一次美好的体验。这又是一个伟大的细节，也增强了品牌的关键价值———品质和精密。你可以在 YouTube 视频网站上搜索"Leica-Unboxing"亲自看。

戴森（Dyson）———楼梯上作业

从头到尾梳理一遍完成一项任务的具体步骤，能揭示出创新的伟大机遇。我的小型戴森真空吸尘器的精明设计让它可以在楼梯上作业，用起来更加顺手。倘若对人们如何用真空吸尘器清理他们的房子缺乏周密的思考，就很容易忽略这个细节。这一点真的太容易被忽视，事实上，在使用戴森之前，我从来没有看到过利用这种特性设计的吸尘器。实际上，你可能会说真正无袋的戴森系统源于对一个步骤的评估———把吸尘器清理干净。有可能一个价值 10 亿美元的想法就掩藏在消费者体验的一个小步骤里。

维京文具（Viking Stationery）

收到从维京寄来的文具包裹时，我发现常常放在包裹底部被揉成一团的纸质发票装在一个可以重复使用的塑

第六章 法则三：注重细节

> 料文件夹里，这个文件夹我到现在还用来存放文稿。我还会从别的地方购买文具吗？不大可能了。

小　结

- 我们关注细节，因为这些细节表明企业在关心我们。
- 如果每一个细节都恰到好处，整体体验就会完美无缺——大量的小收获会形成一个大收获。
- 把体验分解成步骤和阶段，它们能呈现出细节。
- 体验的每一个阶段都要有形成文字的成功标准。
- 从体验的起点一直追踪到终点，会揭示出创新的机遇。
- 尽早识别出各个阶段的前提条件，能降低项目的风险。
- 把大的阶段分解成小的步骤，能发现改进的机会。
- 消费者采取怎样的步骤，取决于适用于他们的重要因素的组合。
- 建模消费者如何在接触点之间移动，是打造多渠道无缝体验的关键。

第七章

法则四：设定期望，然后满足期望

现有的期望、习得行为和联想都是消费者从一开始就用来判断一次体验的标准。极致的消费者体验必须明确考虑这些因素,并超越合理的期望。本章将告诉你在整个消费者旅程中如何以及何时设定、满足并超越期望,让体验达到最佳。

第七章 法则四：设定期望，然后满足期望

> 幸福等于现实减去期望。
>
> ——汤姆·麦格里欧齐（Tom Magliozzi）

几年前，我到一家经销商那儿购买我梦寐以求的汽车。从孩提时代起，我就一直在构建着这个美梦，而且，我脑海中能清晰地浮现出我买车时的场景：奉承讨好的推销员和闪闪发光的车身，车钥匙的第一次扭动。当然，现实与梦想总是存在差距。我根本没想到自己居然会被晾在一边干等着，还要签署一堆没完没了的文件。他们也没有慢慢揭开丝绸罩子，展现出我的骄傲和喜悦——我去提车的时候，它就放在停车场里。最糟糕的是，我没有感受到我期望的那种特别。

"期望是所有心痛的根源"这句名言说得确实没错——没有什么能像未满足的期望那样毁掉消费者的体验。未按时抵达的包裹、跟宣传册上完全两样的产品、令人畏惧的小字说明。我们越激动，期望与现实的差距就越让人失望。

把问题（或机遇）的规模放到大背景下看，根据2008年埃森哲（Accenture）的一份研究报告显示，有高达68%的电子产品退货并非真正因为损坏，而只是没有达到（消费者的）期望。在给《调查者》（*Inquirer*）提交的报告中，尼克·法雷尔（Nick Farrell）明确说明："如果零售商和批发商能花更多的时间来制作通俗易懂的说明书，而不是信口开河，他们就能省下一笔巨款。"

真正能够衡量体验的唯一方法,是把现实世界与你头脑中构想过的那个世界进行比较。如果体验没有达到预期的要求,那本书中的其他法则一文不值。住 100 美元的汽车旅馆可能比 4000 美元的套房体验更好。廉价航空的航班可能比头等舱的体验更好。一切都取决于期望。

有关期望的科学知识

期望如此重要,因为它们是大脑工作的基础。我们大脑中负责调节情绪的多巴胺神经元通过基于体验生成模式来工作:它们在预测的基础上触发情绪。

当一切都按预测进行时,多巴胺神经元就开始启动,我们会体验到愉悦的正面情绪。然而,如果现实与预期不符,这些神经元就停止兴奋,我们就会感觉沮丧。我们大脑的设计就是为了强化这些错误产生的影响。一旦某个结果与期望不符,大脑就会警觉地留意起来:很少有事情能像惊讶一样产生如此强烈的情感反应,因为我们需要从错误中吸取教训才能生存。这也使意料之外的愉悦表现得更加强烈。

第七章　法则四：设定期望，然后满足期望

记忆与体验

诺贝尔经济学奖获得者、心理学家丹尼尔·卡内曼（Daniel Kahneman）对记忆在经验背景下的关键作用做了一个有趣的观察，对"经验自我"（关心现在正在发生什么）与"记忆自我"（重新回顾某次经历）做出了区分。他得出结论：记忆是我们从生活经历中获得的全部，因而，当我们思考生活时，唯一可以采用的角度就是"记忆自我"的角度。

由于我们对过去经历的记忆通常是用来设定对未来的期望的，所以我们拥有的消费者体验的记忆就显得尤为关键，这不仅因为我们想让消费者拥有正面的记忆，还因为它会影响到二次购买的可能性。

习得行为与联想

通过重复，我们发现自己不用思考就能做很多事了。这种"自动性"的例子不胜枚举：我们可以边走边说，不会绊到脚；

或者不用看键盘就能打字。我们常常在长途旅行回到家后，才意识到自己居然开了那么长时间的车，变道、加速、刹车和察看后视镜，所有这些都在不知不觉间完成了。

这些习得行为只有符合我们的预期时才会奏效：我可以在各种设备上打字，只要它们都有QWERTY键盘（目前的通用键盘）。我希望汽车上的踏板顺序是离合器、刹车、油门。我们都有过这种情况，想要改变自己的行为，却总是如"自动导航"般的方式做事，比如为朋友泡杯茶，但却加了糖，因为我们一直都是那样做的。这些错误被称之为"强烈的习惯入侵"。

我们也会随着时间的推移建立联想——气味唤醒了被遗忘已久的记忆，色彩具有象征意义；联想也能用到品牌上。人们通常用"劳斯莱斯"来形容某个特定市场上最高档的产品。菲亚特（Fiat）首席执行官塞尔吉奥·马奇奥尼在一次采访中说："我想让菲亚特成为汽车界的苹果。而500型将会是我们的iPod（苹果音乐播放器）。"

几乎所有的体验都与习得行为和联想有关。积极地思考这些问题，可以确保它们为我们所用。我们甚至能通过更积极的体验来转化习得行为和联想，让普通或单调的事情变得充满乐趣。

第七章　法则四：设定期望，然后满足期望

期望——黄金般的机遇

正因为期望的影响太大，而且又常常处理得如此糟糕，期望管理才成为一种黄金机遇。这对你来说是个好消息：当你的竞争对手忙于让消费者失望，不给他们回电话、不兑现承诺、且大肆吹嘘他们的新产品时，你可以借机树立一个可靠且信得过的好名声。我常常想，快递公司要占领市场，要做的就是准时送货，如果他们晚点了，或者找不到你的地址，就应该积极主动地通知你。从我的经验看，还真没有人把这个问题当回事！

要使期望管理对你有利，我们需要关注的是如何以及何时在整个体验过程中设定并满足期望；如何给消费者留下最积极的体验记忆；同时也要考虑现有的习得行为和联想可能产生的影响。本章的其余部分将告诉你，如何在实际工作中做到这一点。

期望的标注

公司在期望管理上举步维艰，部分原因在于组织中通常采用部门制结构。在我们的消费者之旅中，每个阶段通常由不同的部门负责，他们的动机也各不相同，所以我们常常会产生相互矛盾的期望也不足为奇了。广告团队想要为产品创造需求，销售团队往往更看重提成。而这二者实际上都没有参与产品本身的设计。客服团队经常在最后收拾残局。

这就是为什么我们常常发现自己被一个极好的广告吸引，见到产品后又很失望；或者喜欢上一个极好的产品，但是发现客服又极其糟糕的原因——不同的团队，不同的动机。你想到这一点就会觉得很疯狂，可是大部分企业并没有主动管理消费者的期望，尽管他们知道这很重要。我曾经为一个组织服务过，他们明确提出，贯穿整个消费者旅程的期望考虑是设计过程的一部分。让我们为他们鼓掌！

期望从上到下层层串联。我们对品牌的期望作用于产品或服务，然后作用于每一次细微的互动。为提供一个完美的体验，我们要把消费者体验当作一个漫长的旅程，一个不断设定并满足期望的过程。由于我们已经将消费者旅程分解成包含有小步骤的大阶段,那么我们要做的就是建模每个阶段或每个步骤开始时消费者的期望,以及由它设定的后续期望。这样做,不仅可以暴露期望不一致的风险,而且也能确保让消费者知道,从体验的一开始到最后,他们应该期望什么。

要做好这一点,你只需要一张白纸或者分成三栏的电子表格(或采用我的网站 www.mattwatkinson.co.uk/worksheets 上提供的工作表格)。第一栏写上阶段或步骤名称(取决于你正在查看的细节级别),第二栏写上"现有的期望",然后在第三栏写上"设定的期望"。

- "现有的期望"是指消费者开始这一阶段的体验时就已经产生的期望,比如当他们找到航空公司的网站时,他们期望能够查询航班。
- "设定的期望"是指由互动而产生的期望,比如一旦在网站上换了登机牌,他们期望不要再在机场排队办理登机手续。

得到这份清单后,你就可以着手找出问题。这些问题一般由3种情况造成:

1. "不一致"——设定的期望与现实不符
2. "缺漏"——期望根本没有设定
3. "推断"——消费者的期望被设定到了别的地方

把不一致降到最低

一个典型的不一致的例子来自于我遇到的一家公司,他们告诉我,客户不满意的一个主要原因是,每次派工程师去维修他们的产品到底要等多长时间。广告上说反应速度平均为4小时,然而,这只是个平均数。最高可能达到8小时。看过广告的消费者就盯住了"4小时",所以只要有点超出时间就会引起不满意。

不一致是期望失败最常见的形式:说一套,做一套。这就是为什么说"设定"期望和"满足"期望同等重要,因为这样你才能找出二者间的差异。一旦找到了不同,你就可以决定是设定不同的期望,还是调整现实工作中的体验来满足它。如果你承诺了要做什么事,你就必须做到。只有这样,你才能在大多数情况下从竞争中脱颖而出。

缺漏——填补空白

完全没有设定期望,是造成沮丧的主要原因。我们谁都不喜欢被蒙在鼓里。问问自己:"哪些期望可能被遗漏了?"

第七章 法则四：设定期望，然后满足期望

推断——不要把期望留给想象

我最近在为一家私人健康公司工作，他们在期望管理上存在很大的问题，这个问题是由"推断"造成的。消费者认为，他们有了私人健康保险，就可以去找顾问医生或执业医生预约治疗，结果发现他们无法享受保险服务，原因是没有使用指定的机构或专家，或者是该项治疗不在保障范围内。他们还认为，由于现在有了私人保险，他们不再需要使用国民保健服务（National Health Service）了，这也是不对的。这会给企业和消费者带来可怕的后果：企业会被不公平地指责为不想赔付，而消费者会收到预料之外的账单，金额可能超过数千英镑。

保单内容明确规定，要获得私人治疗必须遵循一个流程，但是消费者并不总是会认真阅读细节，因而会产生错误的假设。解决办法是更清楚地交代流程，提供简单明了的步骤说明，明确地解释：要做什么、已经做了什么，以及流程中每一步之后会发生什么，确保每一步都设定了准确的期望。

通常，消费者的期望根本不是由企业设定的。它可能来自朋友的推荐、市场名声，甚至来自竞争对手。如果别人都提供在线办理登机手续，而我们没有，就算有天大的理由，我们也需要提前对这个期望进行管理，而不是让消费者到网站上到处寻找一项不存在的功能。问问自己："哪些期望是我们无法控制的，该如何处理？消费者针对我们的产品和服务做出了哪些假设，它们准确吗？"

下面是一些通用的规则，能帮助你进一步改进期望管理。

目标的一致性

一致的行为能够带来准确的期望，也是建立信任的基础。我们想知道今天什么是稳定的，以确定我们认为将来会发生什么。没有信赖，也就没有信任。致力于打造一致的体验，不仅存在于消费者之间，还要贯穿于整个体验过程，让每个阶段都遵循同样的标准。这不仅有助于期望管理，而且也通过绝对的一致性证明品牌价值的同时，进一步强化品牌所代表的形象。如果我们的体验处于始终一致的高标准中，也会让偶尔的失误更容易得到谅解！问问自己："我们如何才能在体验的每一个阶段，为每一个消费者提供标准一致的体验？"同样，了解从开始到结束的每一个步骤，对于识别各种需要解决的琐碎问题具有难以估量的重要意义。

第七章 法则四：设定期望，然后满足期望

设计未来的记忆

我们在本章开始时提到了丹尼尔·卡内曼在记忆和体验方面所做的工作，此外，他还对"峰终定律"（peak-end rule）进行了开创性的研究，即认为我们对某件事的记忆，主要受最大量级（峰）时痛苦的程度，以及体验结束（终）时的感觉是好是坏的影响。

我们可以好好利用"峰终定律"：思考体验中的峰值，以及每次互动如何结束，为要改进的部分进行优先排序：首先让所有负峰最小化，确保每次互动的结果达到最佳。回到航空旅行的例子，因为我们必须事先交出所有的液体，为什么不让工作人员在安检点的另一端发放免费的瓶装水呢？这种做法无疑会让我们对一种十分负面的侵犯性体验留下更好的记忆。

让专人负责消费者体验

消费者体验需要所有权和领导权，就像建房子需要设计师，或者拍电影需要导演一样。需要一个总责任人对消费者体验负责，而不是被典型的部门辖制所限，尤其是当消费者体验涉及多个接触点时。

我们称这个人为首席体验官（CXO），他应该处于组织的最高层面，与财务和运营的领导平级。我们常常发现，一个企业如果有消费者体验团队，大都设在市场营销部门。这是本末倒置的，市场营销只是整个消费者体验的分支部门，而不是相反，组织结构应该反映出这一点。没有这个人的存在，要在消费者旅程中创造出一致性是很困难的，而一致性是极致消费者体验不可或缺的标志。

尽早重置期望

情况发生变化，各种意外开始出现，人们就容易犯错。当发生这种情况时，我们的期望就需要尽快重置。按照我以往的经验，如果事情出了差错，只要局面还能进行相应的调整，人们通常不会介意。就好像菜单上的菜品如果提供不了，服务生会在你坐下的时候就告诉你，而不是等你想要点的时候再告诉你。

糟糕的期望管理不仅对于消费者来说是个大问题，对于试

第七章 法则四：设定期望，然后满足期望

图交付改进的项目经理来说，也是一场灾难。人类在评估项目所需的时间方面相当不在行，如果不能在交货时间、进度表和成本上重置期望，会削弱企业的规划和实施战略的能力。它是这样发生的：确定了项目范围，来自信息技术部门、设计和项目管理部门的代表一起开会，讨论时间进度及成本预测，这些数据几乎总是乐观得离谱。

问题在于，这些预测变成了"承诺"。期望就这样被设定了。很快，大家都清楚，时间不够了，必须从项目里剔除一些内容，申请更多的资金，或者把截止日期往后推。必须尽早告知管理层，他们的期望现在已经完全脱离了现实。但这种情况不会发生，因为那些做出预测的人都不希望自己看起来像个白痴。项目继续推进，一直到交付时间之前，有人忽然向老板承认，根本不可能按时交付任何成果来。到这时，他们已经踏上了一条不归路，于是会发生下面三种情况中的一种：在尚未完工之时仓促地把产品推向市场；不情愿地继续往窟窿里砸钱；把项目束之高阁，并接受浪费了大量资源结果一无所获的现实。

在这种情况下，消费者遭罪，团队的辛勤工作遭到破坏，并且盈利的可能性也大大降低，这样的结果显然对谁都没有好处，但却屡见不鲜。不要再惩罚自己，也不要惩罚消费者了。问问自己："当情况发生变化时，我们尽快重置期望了吗？"

谨慎地超越

我们把成功大多归功于一种惊人的适应能力。随着时间的推移，几乎所有事情都会成为"常态"，而我们的欣赏能力也会相应地减弱。虽然"失去才知珍贵"这句谚语得到了认同，但"承诺留有余地，兑现尽可能多"这句格言就广受诟病。不断超越期望，本身就使这种期望成为一种永远不可能实现的期望。

人们的期望在持续提升，我们发现自己患上了"享乐适应证"，曾经无与伦比的快乐，现在变成了一种普通的感觉。想要不断地超越期望，只会自讨苦吃。如果我在周末一次性回复客户的邮件，可能会超出预期。如果我习惯了这样做，它就不再是例外，而是成为规则。

这就有点自相矛盾了。超越期望带来的惊喜会让体验更加愉悦，但是，持续不断地超越期望是难以实现的。解决办法是以一种随机或至少多变的方式来超越期望，或只是在机会出现时去超越期望。这就避免产生一种刻板或做作的体验。惊喜是这里的关键词，如果都在期望中，那就不惊喜了！

根据我的经验，只要应用本书提到的法则，通常会产生令人惊喜的设计方案——那些能带来意外惊喜的好方法已经足够

第七章 法则四：设定期望，然后满足期望

多了，事实上，发挥重大作用的往往都是些小事情。在尝试超越期望之前，我会着重消除"不一致、缺漏和推断"造成的影响。在一个期望管理不当的世界里，通常能很好地实现它就足够了。最后要注意的是，在寻求给消费者带来惊喜的时候，要确保这种惊喜受欢迎。有可能出现好心办坏事的情况。问问自己："在这项体验中，有什么机会让你感到惊喜？我们如何把它做成消费者的个性化体验？"

> **惊喜的元素——Pret A Manger（英国普雷特连锁快餐店）**
>
> 在 Pret 买咖啡时，他们时不时会给我免单。在过去几年间，这种情况出现了好几次，这样的概率不可能是巧合，然而，出现的频率又不太大，令人意外。这让我感觉自己作为消费者很受重视，脸上不由得露出笑意，而且心里想着下次还来。

习得行为的重复使用

在考虑体验的某个阶段时，要仔细想想消费者可能已经习惯了哪些行为，这些行为是否可以再次使用，让互动的过程更加自然。问问自己:"哪些习得行为适用于这种情况?我们能够有效地使用它们吗?"

> **习得行为——任天堂 Wii(Nintendo Wii)**
>
> 习得行为的力量由任天堂 Wii 很清楚地给予了证明。这款游戏机使用用户熟悉的动作,而不是传统的键盘按钮。你可以挥动控制器打网球,或者在玩拳击游戏时进行击打。这款游戏机差不多与 PlayStation 3 同时上市,至 2008 年年中,销量已经两倍于它的竞争对手。截至 2009 年,已经卖出 5000 万台,成为史上卖得最快的游戏机。

识别胜于回忆

一个很好的经验法则是,设法创造那些依赖于识别而不是回忆的互动。某种东西使用起来越直观,我们通常越容易接受。智能手机触屏所使用的手势交互界面是个很好的例子。用手指在屏幕上上下滑动,或者通过捏合手势来缩放图片,感觉很自然。问问自己:"我们怎样才能为消费者把这一步做得更直观?"

第七章 法则四：设定期望，然后满足期望

> **直觉——戴森烘手机**
>
> 谁会想到使用浴室烘手机居然也能成为一种很棒的体验？虽然烘手机可以作为所有体验设计原则的典范，比如感官愉悦、轻松、关注细节以及清晰的品牌价值等，但是，每当我使用它，我都会被它那种如此到位的感觉所打动，尤其是与普通吹风机比较的时候。轻轻地把手放到开口处，随着双手在气流中移动，感觉空气像雨刮器一样把手上的水刮走。如果一家公司能够把干手的过程转化为一次完美的体验，那么请想想你可以做些什么？机遇真的无处不在！

习惯是你的朋友

习惯在我们心理上变得如此根深蒂固，即使重新设计能让事情有所改善，消费者的接受度也会很低。QWERTY 键盘最初的设计是为了防止打字机卡纸，其实并不是最快捷的排列方式。尽管多年来提出了替代设计，声称效率更高并更符合人体工程学，但却没有一款键盘得到广泛应用。这并不奇怪，我们所有人都得重新学习如何打字才能使用另一种排列方案。在设计交互界面时，习惯的影响也是显而易见的，尤其是在电子商

务网站中。购物时，我们会习惯性地寻找"加入购物篮"或者一个小的购物车图标，而且对于填写地址或者信用卡信息之类的表格，用起来也轻车熟路。

明智的做法是，考虑一下你的产品与现有的哪些习惯有关，这样就可以识别出改变它们所带来的任何风险。不必要地挑战它们，往往是耍花招而非创新。问问自己："在体验的这个阶段，有什么习惯会发挥作用？"当你识别出了这些习惯后，再问问自己："另外一种方式真的会更好吗？阻力会很大吗？学习新方法的好处会大于学新东西的成本吗？"

> **隐形的解决方案——Dropbox（云存储）**
>
> 我有一台手提电脑和一台台式电脑，经常需要在两台电脑之间以及与我团队的其他人之间分享文件。直到发现了Dropbox，我才告别了过去整天陷在USB记忆棒、内网、给自己或其他人发邮件以确保在需要时能随时找到文件的那些暗无天日的日子。Dropbox彻底解决了这个问题，它允许你把文件存放在一个共享文件夹里，这个文件夹能在不同的设备终端自动同步。这个解决方案如此完美的地方在于，你只需要知道如何把文件放进文件夹里就行。他们的设计正是对操作系统使用习惯的再次利用。结果就是，解决方案以隐形的方式，与我们日常的电脑使用习惯完美融合。问题就这样解决了。

第七章　法则四：设定期望，然后满足期望

借鉴线索，利用联想

汽车设计师以借鉴其他产品的特点来建立联想而闻名，从一辆老式凯迪拉克(Cadillac)的尾翼到兰博基尼(Lamborghini)的雷文顿(Reventon)，后者利用战斗机的特点来唤起人们对速度、动力和先进技术的联想。手表制造商是另外一个例子，它们常常从赛车运动和航空飞行中汲取灵感。

联想是个强大的工具，可以帮助我们从不同的角度重构消费者体验。我们可以从正面的体验中借鉴一些线索，比如进入一家高级俱乐部参加活动，我们可以将机场过安检这样一种侵犯性的、不愉快的体验转换成一种赋予旅客身份的体验。我们怎样才能让旅客感觉自己像贵宾而不是罪犯呢？我们可以把用来控制人流的拉伸带子换成更漂亮的绳索。还可以把暗淡的灰色地毯换成红色地毯，唤起人们进入一种高级场所的联想。或许，如果工作人员穿着得体，像豪华酒店的门卫那样热情有礼，我们对整个体验的感觉会更好。再加上最后的免费瓶装水，这将是一次改进很大的体验。如果某些航空公司拥有专用通道，他们肯定可以把那些通道做得更亮眼。我更想乘坐那些对乘客表示出关心，并希望做些事情来让体验变得更好的航空公司的航班。我能够想象,当消费者从其他安检通道上投来嫉妒的目光时,他们心里肯定在想:"我下次也要乘坐那家航空公司的航班。"

> **联想的力量——共和干洗(Laundry Republic)**
> 获奖的干洗店共和干洗借用了部分奢侈品牌服装店的体验。他们使用时装零售店同种风格的包装袋,让消费者感觉自己更像拿到了新衣服,而不只是把旧衣服带回来——这是一种非常愉快的体验。

小 结

- 期望是大脑运行的基础。大脑中的多巴胺神经元在预测的基础上触发情绪。
- 由于对过去体验的记忆常常被用来设定未来的期望,我们拥有的消费者体验的记忆就显得非常关键。
- 经年累月形成的习得行为和联想,我们可以很好地加以利用。
- 期望是强大的,但通常处理得很糟糕,这就使期望管理成为打造竞争优势的黄金机遇。

第七章 法则四：设定期望，然后满足期望

- 为提供完美的体验，我们需要把消费者体验当作一个漫长的旅程，一个不断设定期望并满足期望的过程。
- 围绕期望产生的问题一般分为3类："不一致"，期望与现实不匹配；"缺漏"，期望根本没有设定；"推断"，消费者的期望由我们控制之外的某种东西设定。
- 设定更准确的期望，建立品牌信任，要着力于打造保持一致性的消费者体验。
- 组织中最高层级的某个人需要对消费者体验负责，以确保在整个消费者旅程中，设定的期望能保持一致。

第八章

法则五：体验是轻松、不费力的

那些增加消费者负担，耗费他们大量时间和精力的互动，很快就会让人心生厌恶，或者被那些要求较低的互动取代。不费吹灰之力就能解决的事情，能让人产生更多的好感并形成重复购买。本章我们将讨论一些实用的方法，减轻消费者在旅程中每一个步骤的负担，从而改善消费者体验。

第八章 法则五：体验是轻松、不费力的

当没有什么可以带走，而不是没有什么可以补充的时候，完美就实现了。

——安东尼·德·圣埃克苏佩里（Antoine De Saint-Exupery）

无论股票市场走势如何，无论流行哪种风格，有一种趋势不会改变：我们永远在寻求以更少的努力做更多的事情。甚至那些想考验自己耐力极限的人，也在追求更轻更快的装备，让他们能领先冲过终点。

科技的存在，让我们生活得更轻松。如果你不努力减轻客户的负担，竞争者很快就会出现。就算没有直接竞争对手在你旁边开店，科技的进步也会让你出局。我们当地的那家自行车商店最近关门了，当我问老板出了什么问题时，他告诉我："出了互联网了。"好吧，互联网可不是昨天才出现的，这点毫无疑问。真正的问题在于，他没有对科技进步做出回应，还是把生意维持在一个交通不便的地方。现在骑自行车的人比以往任何时候都多，与之对比的是，邻镇的那家店一直做得很好。

为减轻客户的负担，你可以从下面3个基本问题开始：

1. 任务时间——在其他条件相同的情况下，减少消费者花在任务上的时间，可以减少所涉及的工作量。

2. 便利性——好的产品和服务能无缝嵌入消费者的生活：便利为王。

3. 简单——所有人都能从简单中获益：新手、专业用户以及产品背后的公司。产品和服务使用起来越简单明了，所需的体力和精力就越少。

这些都是很好的经验方法，可以作为参考。后面的通用指南组合了这3条法则，虽然并不详尽，但是应该能为减少消费者的工作量提供一个很好的开端。

- 更少，但是更好
- 优先排序
- 把选择限制在可控的范围内
- 减少任务时间
- 降低等待时间
- 降低出错的可能性
- 使用便利的渠道
- 在正确的时间出现在正确的地方
- 用消费者的语言说话

更少，但是更好

迪特·拉姆斯为博朗（Braun）所做的极简主义设计，对苹果产品产生的影响显而易见，他写道："好的设计就是尽可能

第八章 法则五：体验是轻松、不费力的

少地设计。"他甚至把在博朗公司写的关于设计的书取名为《更少，但是更好》(Less, But Better)。一件事情越简单，需要付出的努力就越少。最基本的方法就是《简单法则》(The Laws of Simplicity)的作者前田约翰（John Maeda）称之为的"用心割舍。"具体来说，有三件事我们应该尽量简化。

1. 特性

在第四章，我们探讨了不断给产品增加特性会产生哪些不利后果。特性越多，增加新特性的成本就越高，维护的成本也更高，通常产品的性能也更慢。与此同时，还会变得更难使用。另外，项目启动时，特性越多，那么它上市前要耗费的成本和时间就越多。问问自己："哪些属于非基础特性？能删除吗？"记住，如果真的是极具特色的功能，以后还可以再添加。

> **更少，但是更好——WriteRoom**
>
> 我正在用一个叫 WriteRoom 的文字处理器写作本书。它几乎没有任何特性，全黑屏幕上只有一个绿色的光标。没有干扰性的导航、菜单和选项，我可以集中精力做好对我而言很重要的事：把想法转化为文字。

2. 任务

如果消费者心里有一个明确的目标，那么把实现这个目标

所需的每一个行动设计成要完成的任务会很有帮助。利用已经确定的一系列阶段和步骤,开始寻找缩减任务列表的方法。问问自己:"是否有机会代表消费者完成任务?我们可以删除任何数据输入任务吗?这些任务可以合并吗?某些步骤能否自动生成,这样消费者就不需要做了?"

> **减少转户的麻烦——第一直销银行(First Direct)**
>
> 如果你在第一直销银行开设新的现金账户,他们的"轻松转户"团队会替你处理那些烦人的日常事务,帮你把直接扣款和支付委托转移过去,还会为你设定好短信银行服务。

> **轻松换机——沃达丰(Vodafone)红盒子**
>
> 设置新手机时,最麻烦的事就是复制联系人。沃达丰现在提供了一项服务,他们可以在门店帮你做这件事。

> **任务合并——Joseph Joseph**
>
> 厨房及餐具用品品牌 Joseph Joseph 推出了一系列精彩的创新产品,通过支持多种任务来帮助消费者减少麻烦,像"Chop2Pot"这种切菜板,当你紧压手柄时,铰接

第八章 法则五：体验是轻松、不费力的

> 的菜板就会形成一个斜槽，方便你把食物直接倒进容器或锅里。还有"Rinse&Chop"（菜篮砧板），组合了切菜板和滤水板的功能。Joseph Joseph已经成为这个市场发展最快的企业之一。减少麻烦的机遇无处不在。

3. 文字

思考一下摘自《风格的元素》(*The Elements of Style*)中的这段话："删去多余的文字。刚健的作品都是精练的。句中不应有多余之词，段落中不应有多余之句，就像画作中不应有多余的线条，机器中不应有多余的零件一样。"这种事情说起来容易做起来难，但是值得我们去努力。需要做说明时，尽量简明扼要。当消费者需要信息时，直接给他们提供事实。当你面对写作任务时，问问自己："怎样才能将它表达得既清楚又简洁？"

> **删除多余的文字——修订**
> 在编辑过程中，这本商业图书从52000个单词删减至27000个单词（指英文原书——译者注）。这能让读者直击精髓，而且因为它很短，所以也更可能被完整地阅读。结果就是：这本书在英国和美国都成为畅销书。

优先排序

即使精简了特性和任务,剩下的可能还是有很多。没关系。你仍然可以通过优先排序,轻松获得一个功能丰富的体验。几乎每个产品或服务,都有一系列所有人都会使用的核心任务。让这些任务尽可能轻松地完成,大家都能从中受益。随着时间的推移,你可以用自己的方式梳理这个列表,找出更高级的特性。在《极简时代》(*Simplicity Shift*)一书中,司各特·简森(Scott Jenson)提供了一个简单的方法来对任务或特性列表进行排序:利用汇总的步骤列表或特性列表,从消费者分类的角度,按下面两种方式对列表上的项目进行排序。

1. 任务完成(或者,使用这项特性)的频率有多高——很少(1),中等(2),经常(3)。

2. 它对产品或者服务有多重要——低(1),有用(2),关键(3)。

得到结果后,根据下面的流程排列出任务的优先顺序:

- 强制性均衡分布——如果有12种特性,那每一类里只能有4种。

第八章 法则五：体验是轻松、不费力的

- 把评分相加——如果某个特性或任务的打分是"经常"(3分)和"关键"(3分)，那结果就是6分。
- 按照总分对特性或任务进行排序，这就是优先顺序列表。
- 着手于排在列表上的前三项。

这是一项非常值得做的练习，因为它会迫使你专注于产品或服务中最重要的部分。我们很难有时间和预算做自己喜欢的所有事情，但这不见得是坏事。约束能迫使我们找出更好的解决方案。正如伟大的设计师查尔斯·伊姆斯(Charles Eames)曾经所说："我从来没有被迫接受过妥协，但我很愿意接受约束。"尽量以积极而非消极的心态看待这些约束，正如挑战是用来战胜的，而不是成功道路上的障碍。它们是生活中不可或缺的一部分。

把选择限制在一个可控的范围内

21世纪初期，很少有品牌像诺基亚(Nokia)那样，提出了令人信服的简单理念。我和我的朋友们都使用诺基亚手机，我们对它爱不释手的原因是，不管拿起什么型号，我们都能直接使用。司各特·简森的《极简时代》这本书甚至把诺基亚产品作

为一个研究案例，用于说明"简单"如何在市场上驱动成功。

而现在，诺基亚更多地成为"哪些东西不要做"的范例。写作本书时，他们的网站上提供了25种机型，如果我把条件限定为触屏智能机，仍然有14种可供选择。流光（Lumia）710、800或者900；808，E7－00，E6－00……我不列举了。它们之间没有明显的差异，命名也完全是随心所欲。探究这些问题的责任也落在了我的身上。谁会想自找麻烦？

选择越多，做决定耗费的精力就越多。这个规律适用于所有事情，从最开始的购买哪种商品，一直到从手机的设置菜单中选择选项。假设我们已经尽可能地简化了产品和服务，并对剩下的内容进行了优先排序，那么我们可以使用另外4种方法来减少选择的负担。

1. 逐步展开

这个技巧需要把信息分成不同的层级，然后只显示当时相关的信息。一个常见的例子是网站或电脑的菜单系统，它不是同时把所有的选项都展示出来，而是让你从一个列表中选择，然后再进入下一个列表，这些选项逐步展开，保证数量在一个可控的范围内。这个技巧可以极大地减少选择的负担，降低出错的可能性，并提高学习效率。

2. 五帽架

这种模式跟逐步展开一样，是我强烈推荐的《通用设计法则》(Universal Principles of Design)一书中的绝妙想法。五帽架是指组织信息的5种方法：类别、时间、地点、字母顺序和共性。我们可以根据类别制订待售书目，比如商业类图书或者虚构类图书；根据时间，比如发行日期；根据地点，比如出版社、作者或者题材的所在地；根据字母顺序，比如作者姓名或者书名；或者根据其他的共性，比如评分最高的或销量最多的。既然有多种选择，那么按消费者喜欢的方式组织它们，就会让选择变得更容易。问问自己："这些信息应该如何组织？"

3. 好方法一个就够了

灵活是简单的敌人。要打造完美的消费者体验，我们必须平衡好消费者对控制和选择自由的需求与对简单的需求之间的关系。完成一项任务或许有多种方法，而面临的诱惑可能是迎合所有的可能性，包括实体店、网站、电话、手机运用程序。最终你可能会给自己招来很多不必要的工作。如果你设计的基于网络的解决方案足够好，你会发现其实实体店和呼叫中心的员工也可以使用。它甚至在手机大小的屏幕上也能很好地运行，而不需要把它作为应用程序的一部分。你会发现，98％的消费者使用的是同一种方法。不要本末倒置，把不必要的资源花到微不足道的事情上。问问自己："有没有一种通用的正确方法来做这项工作？"

4. OMAKASE

这个日语词通常用于寿司店，意思是"由你决定"。消费者把决定权交给厨师，完全放下选择的重担。我常常希望生活中能够少做一些决定，如果把一项工作委派出去能释放出更多的时间，我会毫不犹豫。作为一名摄影爱好者，我常常会把摄影作品装裱起来挂在家里，这项工作由本地一位画框店老板专门为我做了很多年。他送照片时到过我家，也很了解房子的装修风格。在过去一两年时间里，只要我创作出新作品，都会让他帮我决定怎样搭配以实现与环境的最佳互补。否则，我得花大量时间纠结于不同的成品、装裱风格以及悬挂位置这些问题。为什么不把这项工作留给专家呢？我的一个愿望就是，让Omakase有更多的机会。问问自己："我们应该为消费者做出决定吗？"

> **Omakase——iPod Shuffle（苹果便携式数字多媒体播放器）**
>
> 对于拥有大量音乐收藏的人来说，决定听什么歌可能是一个挑战，所以，我们常常会把同样的音乐听了一遍又一遍。iPod的随机功能通过随机播放收藏列表中的音乐就解决了这个问题。这是一个重新发现那些被遗忘的最爱的好方法，如果不喜欢，按"下一首"即可。

第八章 法则五：体验是轻松、不费力的

减少任务时间

即使我们对任务列表做了彻底的删减，尽了一切可能进行整合、自动化处理并减轻了消费者的负担，我们还是会有大量工作要做。拿出已经做过优先排序的列表，从使用最频繁且最关键的任务开始，找出能让这些工作尽可能简单又有效的最佳办法。通常，要想出好点子，首先要积极思考。问问自己："怎样才能让消费者更快也更容易地完成这个任务？"

> **简化重复工作——林戈移动停车（Ringo Mobile Parking）**
>
> 这个停车系统设计得很好。它能够记住多辆汽车的车牌、最近停放地点以及银行信息。我在本地列车站支付停车费时，用按键输入想要停车的天数，然后通过银行借记卡背面的3位数字确认付款即可。

减少等待时间

没有人喜欢等待。等待给人的感觉就像在浪费时间,而且可能令人极度沮丧。在规划消费者体验的阶段和步骤时,我建议记下等待时间作为单独的步骤。现在,我们来看看如何利用下面这4种方法,减少这些因素对消费者体验的影响。

1. 根源分析

没有谁会设计一个让人们一直等待的体验。这其实是另外一些问题的具体表现:服务员手脚慢、服务需求增加、人手不足、流程设计糟糕。每当出现等待时间,问问自己:"消费者为什么必须等?根源是什么?如何减少或彻底消除这些原因?"

> **减少等待时间——奎克菲特汽车保险(Kwik Fit Car Insurance)**
>
> 汽车保险公司奎克菲特有一项免费回呼服务,能够保留你在队列中的位置。当你给他们致电时,该服务就被激活,因而他们记下了你的电话号码;你要做的就是说出姓名并确认号码是正确的,然后挂断去干其他事情。

2. 重新排序

完成任务时,我们可以通过采取不同的顺序来消除等待时间,这样空载时间就被利用起来去做另一项活动了。问问自己:"我们怎样给任务重新排序,从而消除等待时间?"

3. 告知

如果消费者必须等待,随时将进展情况告知他们也会有帮助(这种反馈形式的重要性将在下一章做更彻底的讨论)。问问自己:"我们怎样才能让消费者知道他们还要等多久?"

4. 消除烦闷

等待很烦人。如果知道消费者很可能需要等待,就尽量让等待变得舒心一些。

> **有趣的娱乐**
>
> 我在新西兰见到过这样一家咖啡馆,在等待取饮料的柜台上,他们放了一个柠檬浮在水上。如果你能把一枚一元的硬币平衡地立在柠檬上,不滚落进水里,你的饮品就可以免单。留心处处是机会!

降低出错的可能性

出错导致返工，造成完成某项特定任务所需的投入增加。在可能出错的地方做好预防，能尽量降低出错的可能性。如果不可能防范错误的发生，就应该制定措施以及时发现错误，帮助消费者尽可能迅速简单地从错误中脱身。有关"错误"的话题将在下一章做更详细的讨论。

使用便利的渠道

多渠道的消费者体验引来热捧，是因为它们有可能通过其便利性提高消费者的满意度。"点击收藏"和"在线登记"这两项都是很好的例子。你应该问自己的问题是："消费者要完成这项任务，最便利的是哪个渠道或哪个接触点？"记住，多渠道与全渠道并不是一回事。关键是确定哪个渠道或接触点是最合适的。

第八章 法则五：体验是轻松、不费力的

> **渠道适当性——国民保健服务（NHS Direct）**
>
> 国民保健服务是英国一项很棒的免费服务，如果你感觉身体不适，你可以打他们的电话与护士交流，她会告诉你症状有多严重，以及采取哪些适当的措施。这项服务减少了医生不必要的门诊负担，也为公民带来了更大的便利，否则你还需要预约医生看病，最后却被告知其实只需要好好休息一下。另外，如果你真的感觉不舒服，他们会为你叫救护车。

在正确的时间出现在正确的地方

有人曾告诉我，一个设计良好的产品或服务就像一名优秀的服务员：专注、礼貌，但是在不需要的时候不会贸然出现。做到这一点，服务员就必须在正确的时间出现在正确的地方，为你提供所需要的服务。网购的乐趣就在于它的店门总是开着的，而实体店或客服中心则不然。问问自己："我们能否在合适的时间为消费者提供服务？"如果拥有一家实体店，则问问自己："我们的位置对消费者来说方便吗？"

用消费者的语言说话

本章之前谈到的关于诺基亚的例子,大半的问题源于产品的命名:既不好记,又体现不出产品任何有用的信息。这是商业中一个更广泛问题的一部分。我经常会被一些不熟悉的缩略词、技术术语和营销废话惹毛。再也没有比这更快地疏远和激怒消费者的了。问问自己:"我们是用消费者的语言说话吗?"

> **处理得当——亚马逊**
>
> 如果不提网上零售商亚马逊,那么任何关于毫不费力的消费者体验的讨论都是不完整的。亚马逊对细节的关注,以及致力于系统性地降低消费者的工作量,对它的成功功不可没。他们拥有专利的一键购物系统,顾名思义,消费者只需轻点鼠标就能购买一件商品。愿望清单、用户评论以及建议都让你的购物决策变得更加简单。他们把这种方式扩展到电子书阅读器 Kindle 上。他们的网站宣称,下订单后 60 秒之内就可以读到一本书,而且电池续航时间长达一个月——这是减少等待时间、渠道便利以及消除重复在实际运用中的伟大例子。

第八章 法则五：体验是轻松、不费力的

> 将内容下载到 Kindle 电子书阅读器上的 3G 服务是完全免费的，从而消除了很多麻烦的任务。毫不奇怪，当我们想网上购物时，大多数人首先想到的是亚马逊。他们甚至把退货都做到了尽可能地简单，而这对于网上零售商来说通常是个令人头疼的问题。

小　结

- 我们总是想事半功倍。
- 科技的存在是为了让我们生活得更容易。
- 要减少麻烦，需要考虑 3 个参数：任务时间、便利性以及简单。
- 减少特性和任务，删除多余的文字。记住：更少，但是更好。
- 对任务和特性做优先排序，让那些最常用的重要任务尽可能轻松地完成。
- 把选择限制在可控的范围内，从而减少决策所需付出的努力。
- 简化任务意味着实现消费者的目标所需的努力更少。

- 尽可能减少等待时间。
- 错误造成返工。尽可能消除错误。
- 使用方便的渠道。
- 便利就是在正确的时间出现在正确的地方,为消费者提供所需的服务。
- 用消费者的语言说话。

第九章

法则六：体验是没有压力的

我们会本能地避开紧张局面。消除了困惑、不确定性和焦虑的消费者体验才会收获回报，带来竞争优势，提升顾客忠诚度，并树立无与伦比的品牌形象。本章将探讨消费者体验过程中造成压力的常见原因，以及如何将压力的影响降到最低。

第九章 法则六：体验是没有压力的

困惑是造成焦虑的主要原因。

——赫尔伯特·霍克斯（Herbert E. Hawkes）

大部分人在生活中都不想面对压力。我们在工作上感到有压力，在家里感到有压力；很多人想到下班回家也会感觉有压力。很容易看出我们所接触的产品和服务是如何带来这种压力的。我们常常要面对操作起来让人摸不着头脑的产品；电脑莫名其妙地崩溃；给客服团队打电话，他们也不能或者是不愿意帮我们。海量的信息与每天都需要做的大量决策一起堆在面前，让我们感到精疲力竭。购物时常常面临太多的选择，让我们变得优柔寡断，无从下手。

如何应对周围环境的压力源主要取决于个人，关键在于找到更好的应对方法。我们可以购买像《让你的生活远离压力》(*Stress-proof Your Life*)或者书名夺人眼球的《压力克星：如何阻止压力杀死你》(*Stress Buster：How To Stop Stress From Killing You*)这样的书来读。但是，为什么要强调对策而不关注防范呢？原因是压力的来源通常不由我们掌控。我决定不了列车是否准时，也决定不了超市里有多少种豆子待售。

只有那些创造产品和服务的人，才能消除这些压力源。为什么很多产品和服务都会带来压力？究其原因，主要是从来都没有按照无压力的标准对它们进行设计。没有人真正问过这个问题："这种互动会给消费者造成怎样的压力，我们怎样做才能减轻这种压力?"当然,也没有人按照有压力的方式设计它们,这些压力是在你毫无防备的时候悄悄渗入进来的。生活的压力越大,我们就越喜欢那些能让我们暂时摆脱压力的消费者体验。没有压力的消费者体验,是一种主要的竞争优势。这种体验执行起来也相对容易。

在某些情况下,压力会受到极为严肃地对待,尤其是在航空、作战或者核电站这些对安全至关重要的环境中。正因为如此,这方面的文献非常丰富。人为因素专家和心理学家在为这些高危环境做设计时所遵从的原则,可以用在所有改进消费者体验的工作中,毕竟我们都是人,不管我们是在驾驶飞机,还是在购买手机。

本章后面的内容将告诉你如何在实践中做到这一点,让产品和服务尽可能为消费者减轻压力。我们首先讨论"错误"这个需要特别注意的压力源,再进一步讨论更多的通用准则。

错　误

关于"错误"这部分内容到底应该归于本章的"压力"部分,还是上一章的"费力"部分,我认真想了很久,因为它与这两者都关系密切。错误导致返工,而返工需要更多的努力,但是,

第九章　法则六：体验是没有压力的

错误和压力之间的关系更紧密，因为它们会相互强化：压力会导致出错，出错会导致压力。错误与这两大法则息息相关，从而显得更为重要，值得我们详细讨论。

对于我们来说，犯错司空见惯，其中大多数是微不足道的：打错字、落下东西、开车时转错了弯。也有一些会导致严重的后果。犯错是人之常情，虽然我们无法完全消除错误，但我们能做的就是在设计消费者体验时，尽量降低出错的可能性，尽管难以防范，但至少让我们在错误发生时，能够从容地补救。

愚巧法

这种"防范"和"检测"双管齐下的方法，在精益生产管理理论中被称为愚巧法，又称防错法，它是零差错质量控制生产方法的一部分。愚巧法在实践应用中的例子包括：

- 用正确方式才能插入的手机 SIM 卡
- 水池顶部防溢水的排水孔
- 柴油喷嘴无法插入汽油箱的燃油泵

要在消费者体验中运用愚巧法，你需要做的就是从消费者旅程中选择一个阶段或步骤，生成一份消费者可能会犯的错误清单，然后想方设法防止这些错误的发生，如果难以防范，就在发现时进行补救。

我们思考一下在航空旅行中的一个微小环节——收拾行李——消费者可能会犯的错误。有关收拾行李，我曾犯的错误包括：

- 忘带东西——护照、登机牌、牙刷、衣物，或是让我头疼的国外电源插座转换器
- 带的衣物不适合目的地天气
- 超重
- 带了无法进机舱的易碎物品，比如乐器
- 带的手提行李包太大，无法放进机舱行李架
- 手提行李中有违反安检规定的东西，比如液体或者化妆品

对于这些错误，我们有很多潜在的解决方案。当忘带东西时，如果是护照，通常会在安检或办理登机手续时发现，但是也有可能到了目的地打开行李时才觉察到。不管是哪种情况都太晚了，所以我们应该专注于防范。

有个办法是可以给客户发一封电子邮件，名为"10种容易遗忘的物品"，提醒他们留意。另一个更有趣的办法是给客户邮寄一张可以重复使用的挂签，跟宾馆门内把手上悬挂的"请勿打扰"的标识类似，上面写上："别忘了……"后面的空白栏供你填写自己的物品。这种做法也可以使用在很多事情上，可

能是个让品牌不离开消费者视线的一种不错的办法。

当行李超重时,防范仍是更好的办法,顾客不用为超额的行李支付费用。一个简单的办法就是让顾客更清楚地了解限重多少(千克、英石和磅),这样他们就可以在出发前用体重秤称一下行李。另一种有用的方法可能是给客户提供出发和到达机场的商店列表,上面写上一句话:"不确定是否需要打包?这些是你要经过的商店。"

为了防止带错当季衣物,我们可以利用出发和返回的航班日期和目的地,在客户起飞前为他们提供个性化的天气预报——这是另一种有用的方法,能让你脱颖而出。为消费者体验每个阶段进行基本的错误防范和检测,会为你带来从未想到过的改进机会。在我的网站 www.mattwatkinson.co.uk/worksheets 上有一个工作表,你可以利用它来实施这项工作。

错误分类

这就是错误类型、原因和结果之间的差异,从而使这项任务变得可接近,有助于我们对这些错误进行分类。詹姆斯·瑞森(James Reason)的关于人为错误的著作已成为黄金标准,他提供了这样一个框架。我从中提炼了关键的主题。

一个基本的区别就是"意图出错"的错误与"行为出错"的错误。意图正确但行为错误的情况是，在半梦半醒的状态下，把牛奶放进了橱柜而不是冰箱。行为正确但意图错误的情况是，我在驾车通过路口时成功地左转，但稍后意识到我其实应该右转。这样就引出了三种简单的错误类型，有助于我们判断消费者可能会犯哪些错误：基于知识的错误（与意图相关）、过失以及疏忽（与行为相关）。

1. 基于知识的错误

消费者在处理某种情况时，如果信息量或经验不足，就会犯这种错误。当我们不知道自己在干什么时，会很容易犯错。一个常见的例子就是购买那些根本不符合我们需要的产品或服务。当选择过多或经验不足时，基于知识的错误尤为常见。要发现这些错误，问问自己："消费者拥有足够的信息或经验来成功完成这个阶段或步骤吗？"

2. 过失

这是最常见的一种错误类别。打错字、落下东西或者开车时想打开雨刮器时却开了指示灯。过失的好处在于，它通常易于检测和观察，因而在测试中能很快被发现。

3. 疏忽

疏忽大多与健忘有关。要发现疏忽，问问自己："消费者可能会忘记什么而导致他们无法完成任务？在一系列事情中，哪一部分是消费者容易在不经意间错过从而导致犯错的？"例如在线填表时漏了一栏、忘记密码，或者，正如我们上面提到过的，忘记带那恼人的国外电源适配器。

错误的优先排序

我们会在消费者旅程中发现很多可能存在的错误，这些错误我们不可能全部处理。再次引用詹姆斯·瑞森的著作，我们可以通过4个特征对错误进行优先排序：

1. 频率——这个错误出现的可能性有多大？
2. 代价——这个错误的后果有多严重？它是一个"免费的教训"还是会造成死亡、经济损失或其他资产损失？
3. 检测的难易程度——这个错误能够快速而简单地识别出来吗？
4. 恢复的难易程度——要防范的是简单错误吗？容易恢复吗？

我们可能会发现一两个给消费者带来相当大损失的高频错误。如果是这样，先集中力量解决这些错误，再着手处理那些容易检测也容易恢复的低频错误。

"错误管理与减压"指南

在错误管理范畴有很多具体的准则,从广义上来说,也适用于减轻消费者的压力。我的网站 www.mattwatkinson.co.uk/worksheets 上有一份压力工作表,有助于你把这些准则付诸实践。下面是7条指南:

1. 考虑消费者的能力
2. 把选择限制在一个可控的范围内
3. 让各选项之间差异明显
4. 允许消费者纠正错误
5. 阐明任务原因
6. 给予频繁、积极的反馈
7. 考虑环境中的所有干扰

1. 考虑消费者的能力

我们自身的能力会影响我们感受一项任务的压力有多大,以及我们犯错的可能性有多大。威肯斯和霍兰兹在《工程心理学与人的作业》(*Engineering Psychology and Human Performance*)一书中解释道,行家比新手更不容易慌乱,原因有三。首先,由于技能的提高,我们能够在无意识地思考下完成任务,这就释放了更多的精神资源去对抗压力。其次,行家一般拥有更广泛的策略来执行给定的任务,因此他们能随时调整策略以获取需要的结果。最后,经验越丰富,通常对任务中的压力源越熟悉,因而操作者就更能应对自如。

关键是要设计一种适合消费者能力水平的体验。这是电脑游戏设计者最擅长的事情。游戏的第一关对新手来说都很容易,然后随着他们能力水平的不断提高,关卡也变得越来越难挑战。

在考虑消费者体验的时候,问问自己,消费者是否存在能力水平的差异。如果存在,就要针对这些差异考虑最佳的解决方案,以便新手和行家都能适应。有一些简单的做法,比如为新手提供提示,而对行家关闭,或者提供高级菜单选项。另一种选择可能是允许消费者指定技能水平。对于网上超市来说,当查看他们提供的参考食谱时,他们通常不允许消费者指定自己的技能水平。他们错误地认为,消费者都具备所需的技能,而且知道原材料是什么。对于某个特定的阶段,问问自己:"我们如何创建适合消费者能力水平的体验?"

2. 把选择限制在一个可控的范围内

我们在前面关于"不费力"的章节中提及过这个话题,因为选择越多,做选择的难度就越大。我们再次讨论这个问题,是因为大量的选择也会造成压力。有选择,毫无疑问是件好事。它与自由的理想密不可分,而且也是让我们感觉到掌控自己生活的这种最基本需要的前提。但这并不意味着选择越多越好。巴里·施瓦茨(Barry Schwartz)在《选择的悖论》(*The Paradox of Choice*)一书中解释道,事实往往相反:

"随着选择数量的不断增加,拥有众多选择的负作用开始出现。当选择数量进一步增长,负作用也逐步升级,直至我们不堪重负。这时候,选择不再是一种解放,而是成为一种负担……这意味着决策需要付出更大的努力。出错的概率大增。错误造成的心理阴影更为严重……所面临的现实是,机会如此充盈,让我们感觉无所适从。我们不再有掌控感,反而老是觉得难以应对。"

我们或多或少都曾有过这种经历。越是重要的决策(比如购买住房),压力也越大。不仅要选择房产,还要选择理想的按揭类型,然后是具体的按揭条款。所有这些选择都会给你带来很大的压力。

一种解决办法是,在体验的所有步骤中,减少消费者面临的选择数量。对于体验的某个特定阶段,问问自己:"此时的选择数量会让消费者无所适从吗?我们怎样才能让选择更易于掌控?"

第九章 法则六：体验是没有压力的

> **让选择更易于掌控——耐克专属定制（Nike ID）**
>
> 在耐克专属定制网站，你可以选购定制的耐克产品，指定不同的颜色和材料进行组合。这会产生无限的可能性，并且做起来很可能会令人望而却步。他们刚推出这项服务的时候，我曾上网尝试为自己设计一款，但很快被这些选项弄得头昏脑涨。耐克在后来的几年间改进了这项服务，让消费者从某些简单的组合开始，或参考其他用户的设计，而不是完全从零开始，因而从根本上解决了这个问题。这使得你在定制运动鞋的过程中，压力没那么大了。

3. 让各选项之间差异明显

如果各选项之间的差异明显，那么由大量选择所造成的压力也会减少。正因为考虑到这一点，我才惊恐地从当地铁路运营商的网站上退了出来。如果我选择购买一张"休闲票"而不是"商务票"，那么我可以在非高峰票、超级非高峰票、非高峰日票以及不计次日票之间选择。什么是非高峰时段？网页上没做任何说明。我如何在它们之间做出选择？

所以毫不奇怪，我从伦敦乘火车回家的时候，几乎每天都会碰到有人被查到买错了票，并被迫强忍尴尬，面对着满车厢的人听查票员解释他们错在哪里，然后再让他们补票。对于旅客来说，这简直就是场噩梦。要防止这个问题，在评估消费者体验的某个阶段或步骤时，问问自己："各选项之间的差异明显吗？"

4. 允许消费者纠正错误

学习新东西通常是一个试错的过程。关键是要让消费者尽可能快速、容易地从这些错误中恢复过来。失误和疏忽是日常生活的一部分，所以，尽量设计出一种宽容的消费者体验。当你列出某个阶段或步骤可能会出现的错误时，问问自己："我们怎样才能让这个错误更易于恢复？"

> **撤销——Gmail**
>
> 我一直很喜欢 Gmail 的一点是，当你执行删除电子邮件之类的操作时，屏幕的顶部就会出现撤销功能。这样你就可以放心地做事，因为你知道如果操作失误，你也可以快速而容易地恢复。

5. 阐明任务原因

我们通常在不清楚原因及好处的情况下，被要求执行某些任务。我们会问："你为什么需要这些信息？"或者"我为什么要按这个顺序做事？"。对于为什么要执行这些任务，其实通常都有充分的理由，但是在两眼一抹黑的情况下，我们会感到焦虑或不愿合作。在设计消费者体验的某个阶段时,问问自己:"消费者清楚完成这项任务的原因吗?"在大多数情况下是清楚的,但有时候做点解释会有帮助。

6. 给予频繁、积极的反馈

戴尔·卡耐基(Dale Carnegie)在其经典著作《如何停止焦虑开始新生活》(*How to Stop Worrying and Start Living*)一书中,解释了生活中一半的焦虑是在不了解必要事实的情况下做出决策而造成的。很多人对未知充满恐惧,不确定性会让我们感到焦虑。解决的办法是给消费者提供频繁、积极的反馈,让他们相信自己正朝着正确的目标前进,或者尽快给他们指出偏差。进度条和确认电子邮件都是这类反馈系统的例子。

最近几年,我经历的最糟糕的消费者体验是一次故障救援。为等待救援小组来修理我那辆抛锚的汽车,我在完全无助的感觉中坐等了数小时之久。一开始他们说大概1小时后到。等我再次打电话过去,他们说还需要1小时。最终我等了3小时才有人来。对于事情的进展,他们没有给我任何反馈。当再次发生这种情况,我果断地选择了他们的竞争对手。在设计消费者互动的时候,问问自己:"我们如何才能让消费者更好地了解事情的进展?我们是否提供了充足的反馈,说明他们已经成功地完成了一项任务?反馈的速度有多快?"

7. 考虑环境中的所有干扰

这个世界充满了各种干扰,它们会分散我们对手头工作的注意力。干扰会让我们迷失方向,并犯错。背景噪声会妨碍注意力集中。当我们处于情绪化状态中时,我们会发现自己根本无法专心。简而言之,需要认真考虑体验发生时的周边环境,在可能的情况下应该先亲自体验。这是很多调研人员和人为因素专家耗费时间去做的事情,尤其是对于那些会产生高危后果的环境,比如战争和外科手术。

干扰无处不在,所以我们必须给予重视:消费者在网上做任务时,会受电子邮件、即时信息或社交网络的影响而分心吗?任务是否太枯燥,会让消费者主动寻找其他事情消遣吗?你会在嘈杂、拥挤的商店里与消费者沟通重要的信息吗?消费者正在面临时间紧张的压力吗?他们无法集中精力时,一般是因为太兴奋还是太沮丧?对于体验中的任何阶段,问问自己:"执行这个任务时,消费者会面临什么干扰?我们如何在设计互动时牢记这一点?"

小　结

- 没有压力的消费者体验是一种主要的竞争优势。

- 专家用于高危环境中的那些原则适用于所有消费者体验的改进。
- 错误与压力之间的关系相互强化：压力会导致错误，错误会带来压力。
- 找出防范错误的办法，或者，如果防范不可能，就找出检测和恢复的办法。
- 错误可以归为三类：基于知识的错误、过失和疏忽。
- 我们可以通过频率、代价、检测的难易程度、恢复的难易程度对错误进行优先排序。
- 考虑消费者能力：新手比行家更容易遭受挫折。
- 把选择限制在一个可控的范围内，并让各个选项间有明显的差异，可以减轻决策过程中的压力。
- 设计应该宽容：让消费者能纠正自己的错误。
- 明确任务原因，减少不确定性。
- 给予频繁、积极的反馈，让消费者确信自己处在正确的轨道上。
- 考虑环境中的所有干扰，这些干扰会降低消费者对手头任务的专注度。

第十章

法则七：让消费者的感官得到满足

从美食到休闲音乐再到美丽的画作，我们总是在积极主动地寻找感官上的愉悦。让人感觉愉悦的消费者体验能够赢得我们的心，让我们欲罢不能。在本章我们将探讨，在改进消费者体验的过程中，每一种感官能做些什么。

第十章 法则七：让消费者的感官得到满足

我们把屏幕上的按钮做得非常诱人，让你禁不住想要去舔一下。

——斯蒂夫·乔布斯（Steve Jobs）

"先生，要帮忙吗？"售货员问。他盯着我看了一会儿，脸上带着一丝忧虑。

"不用，不用，没事。我只是想找个新水壶。"10分钟前我走进了这家商店，看到面前摆了一大排水壶样品，至少有60种，可以肯定这些水壶都能烧水。买哪一把好呢？买哪一把……

我从一端开始，一路看过去，依次拿起它们，感觉一下手柄，打开盖子，看看铰链有多顺滑。遗憾的是，我还只看了一半，那个可怜的售货员就迫不及待地过来服务，现在他只好在不远处站着，气氛显得有些尴尬。

5分钟后，终于有了一位胜出者（或者说59位失败者，取决于你怎么看）。当我拿起这把水壶的时候，我能立即感觉到它的质量。它有一种让人踏实的重量，以及精致耀眼的不锈钢抛光面。"放在厨房里一定很好看。"我想。手柄有一种舒服的橡胶质感，"开"按钮是一个很方便的翘板开关，拇指按下时会发出悦耳的"咔嚓"声。我按下开关，打开壶盖，眼睛顿时像过圣诞节的孩子般亮了起来。盖子立在我的面前，安静、优雅而精密，就像宇宙飞船上的小窗。我朝着新朋友笑了笑，

"就是它了!"

设计通常被认为是一种"创造性的职业",但在我看来,它更像是应用心理学的一个分支:要得到最好的结果,我们需要从大脑向外拓展,从我们希望消费者想什么、感受到什么以及做什么入手,然后拿出一套解决方案来达到目的。我们的感官对这一目标至关重要,因为它们在我们能够控制的环境因素和我们希望影响的思维之间架起了桥梁。

从本质上说,每种产品和服务都是感官体验,所以,对于刺激我们感官的方式就得做到心里有数,一定不能随心所欲,也不能靠运气。在每一次的互动中,我们都要利用感官为自己获取有用的信息。回想一下去超市购物的情景:我们通过包装的设计判断产品的质量,通过嗅觉判断新鲜程度。我们捏一下鳄梨看它是否成熟;通过掰断芹菜时声音的清脆程度了解它有多新鲜。

超越功能

我最珍爱的一件藏品是 1954 年产的积家(Jaeger Le Coulter)气压钟:这是 20 世纪设计和工程领域的伟大杰作之一。这架钟的动力来自温度和气压的微小变化,这种设计使它

第十章 法则七:让消费者的感官得到满足

在平常的室温环境下可以永久地运转,不用电池,也不上发条:温度变化1度足以让它运行两天。

这款钟于1936年首次面市,当时让很多人惊讶得合不拢嘴。它的设计和工程理念,唤起了一个建造永恒事物的时代。每架气压钟都需要一个月的时间来手工打造,然后经过5周时间的调校才能交货。这些钟使很多人家里增色不少,像约翰·肯尼迪、温斯顿·丘吉尔以及查理·卓别林等,并经常作为退休礼物送给高层领导。

气压钟具备了优秀设计应该有的全部元素:新颖、精准、细节考虑完美、耐用、对环境敏感,以及漂亮外观与实用功能的完美结合。在我看来,这座钟颠覆了现代消费品所具有的计划过时的特性,正因如此,它才变得更加吸引人。气压钟最初声称有600年的使用寿命;然而,由于大气污染日趋严重,现在每20年就要做一次常规养护。我当然希望我的气压钟还是能够快乐地运行600年。

从纯粹的功能角度来看,气压钟报时并不比烤箱里的时钟更好。然而,所有来我家的客人第一眼看到它时都会禁不住双目圆睁,看着细小的齿轮在安静地转动,他们总会低声惊叹,并问在哪里可以买到。

这个故事带来的启示很简单:要打造极致的消费者体验,产品或品牌的感官特性在传递有用信息时,不仅要发挥功能作用,还要考虑审美诉求。气压钟能告诉我现在的时间是12:01,

这当然很好，但是它也激励着我，让我微笑，这才是它显得伟大的地方。纠结于"形式和功能"到底哪个更重要没有意义；当然你也不能对它置之不理。

研究无数次地证明，具有审美诉求的产品通常被认为更好操作，让人更愿意使用，而且在出错时更容易得到谅解。尽管如此，各行各业的设计师都在不知疲倦地工作，以培育他们的客户，而客户往往不屑一顾。这不仅是对设计这门学科的严重误解，也是对人类本性的根本误解。我们购买的物品反映了我们的身份，对于它们如何传达我们个人的价值观、品位和抱负，我们敏感得难以置信。

五官——无限的机会

每一种感官都提供了丰富的机会来取悦消费者。通过仔细思考如何刺激感官，我们可以极大地提高产品和服务的吸引力，创造一种更愉快的归属感。

遗憾的是，如果要详细介绍这个主题，涉及的内容远超出本书的范畴。我的办公室里摆放着将近100本书，它们只涉及了视觉设计；要客观公正地讲完另外四种感官，大概还需要几百本书。基于这样的想法，我将按顺序简单地讲述每种感官，

第十章 法则七：让消费者的感官得到满足

目的是启发你思考如何利用它们提升你的消费者体验，然后在本章的结尾，我会提供一些更具普遍性的建议，帮助你避免一些我多年来看到的常见错误。

视　觉

在设计过程中，视觉（眼）是最受关注的一种感官。这并不奇怪，我们能够处理的视觉刺激的范围太大了，它让我们能够辨别动作、几何性质和纹理，更不用说色彩、色调和亮度了。产品的外观非常重要。你可能会认为，去餐馆吃饭所考虑的就是菜品的味道如何，然而，当我们点餐时，有多少次是通过观察别人点的菜从厨房到达餐桌时的品相而决定的呢？

广告、界面、产品和包装设计，全都重视对视觉的刺激，也许因为我们严重依赖视觉来推断远处物体的其他特征，比如，我们不需要触摸，只要看一眼就会说某样东西看起来很重或很软。当你想要确定某样东西的外观时，问自己一个最基本的问题："品牌或产品需要通过外观传达什么样的质感？"

> **Gü 布丁——追求精致**
>
> 所有品尝过这道甜品的人都可以证明，Gü 布丁既美

> 味又精致；但是它们与众不同的地方在于，完美地通过外观设计表达了盒子里的内容。简单醒目的标识和鲜艳的色彩，与深色背景相衬，起到了抢眼又不过分的效果。光亮的盒面隐隐透露出优雅和奢华。包装设计完美地发挥了它的作用，让消费者不由自主地伸手拿起它，这个时候，它的一只脚已经踏进购物车里了。

触 觉

触觉（身体）是我们最直接的感官，然而也是最费力的一个，因为它需要与物体直接接触。触觉允许我们以各种方式来探索物体：我们可以通过触摸来辨别物体的形状、质地、重量、硬度、大小以及温度。

这使我们的触觉成为获取产品信息的强大媒介，也使产品的触摸特性成为差异化的巨大机会。研究还表明，在商店触摸物品会让人产生一种更强烈的"心理归属感"，使得购买的可能性更大。这就需要我们在考虑消费者的触觉时关注三件事。

"消费者会触摸什么？"通过识别产品中消费者会触摸的部分，让你把注意力集中在关键点上。我经常会想，房间装修得

第十章　法则七：让消费者的感官得到满足

再漂亮，也会被感觉廉价而且难看的电灯开关和电源插座拉低了档次。消费者会触摸到的所有东西都是等待我们去发掘的机会。

"产品的哪些品质必须通过触摸来传达？"是粗糙的？光滑的？温暖的？冰凉的？柔软的？坚固的？圆形的？三角形的？圆滑的还是方正的？厚重的还是轻盈的？所有这些特性都应该认真考虑。我们常常把质量和坚固联系在一起；圆边的产品让人感觉亲切友好；我们通常购买衣服是因为面料让人感觉柔软舒适。如果要搬运某件东西，怎样能使它更轻呢？

"怎样才能诱使消费者去触摸它？"如果产品的触摸特性是其吸引力的一部分，你就必须尽可能地鼓励消费者去触摸它。不要把它锁在玻璃柜子里，也不要包装得严丝合缝。准备一台可以赏玩的展示模型；最好还要一位有经验的推销员，他能指出你花了心思的所有地方，让一切感觉都恰到好处。

嗅　觉

嗅觉最能唤起人们的记忆：一种气味能马上让人想起遗忘已久的事情，并触发强烈的情感。有一次我从厨房出来，发现一个朋友把鼻子深埋在我的古典吉他的音孔里。他说，杉木的味道让他想起了爷爷的雪茄盒。另外，很多人会把柠檬的气味与清新和干净联系在一起。

尽管嗅觉（鼻）具有巨大的开发潜力，但它是最容易被忽视的感官，也许是因为让所有人都喜欢的气味很少见。我们一般会在15分钟左右内适应一种气味，然后它就开始失效，除非我们离开这种气味覆盖的区域后再次返回。这仍然是一个新兴的领域，我们不应该放弃把气味作为增加体验的机会，只是要确保所有的实验都进行了彻底的验证。问问自己："我们能在体验中加入某种气味吗？"

> **史蒂芬佛罗里达香水（Stefan Floridian Waters）**
> **——新加坡航空的味道**
>
> 20世纪90年代末期，新加坡航空公司为自己设计了一款独特的名为史蒂芬佛罗里达香水。这种香味来自机组人员、来自热毛巾，覆盖了客舱的犄角旮旯，通常会立刻引起飞行常客们的注意，让他们感觉宾至如归，并触发以前乘坐该航空公司航班的正面记忆。

听　觉

听还是不听我们所处环境中的某些声音，我们往往没有什

第十章 法则七：让消费者的感官得到满足

么选择。当然，我们可以闭上眼睛，但闭上耳朵很困难。这使得声音成为我们环境中最具侵入性的元素之一。这意味着：如果某种声音深受欢迎或者有吸引力，它会极大地增强体验的效果，如若不然，它可能会让人反感。音乐尤其如此，这不仅是个人品位的问题，而且能强烈反映我们的社会群体。

作为一名古典音乐爱好者，当我听说那些伟大作曲家们的杰作被引入到反社会行为的热点地区，以阻止犯罪团伙游荡时，我感到颇为伤感。在埃尔姆帕克（Elm Park）地铁站，在音乐计划实施的 18 个月内，抢劫案件减少了 33％，袭击工作人员案件减少了 25％——这是一个有点悲哀但却很有说服力的例子，它证明了人们的品位在决定其行为方面的影响有多么强大。问问自己："什么类型的音乐才能吸引消费者？我们怎样利用音乐来提升消费者体验？"

星巴克——咖啡与音乐

很多商店都会精心挑选播放的音乐，作为一种拉近与消费者距离的手段。星巴克比大多数商店走得更远，他们出售一系列他们认为符合消费者品位的各类艺术家作品。史丹利·霍尔姆斯（Stanley Holmes）在为《商业周刊》（*Business Week*）撰写的文章中总结道："星巴克从来就没有把咖啡放在第一位。它的迅猛发展……始终是在销售一种体验。"

与所有其他感官一样，我们也会通过声音来推断产品的质量。传奇广告人大卫·奥格威（David Ogilvy）早在 20 世纪 60 年代就利用"无声"来强调劳斯莱斯汽车的质量，他说："时速 60 英里时，这款劳斯莱斯新车的最大噪声来自于电子钟。"相比之下，薯片发出的响亮的"咔嚓"声通常被认为是判断其新鲜度的一个好指标。问问自己："我们能怎样通过声音来传递产品的质量？"

在所有的感官中，听觉是最省力的，而且由于科技一直致力于减轻人们的负担，各种语音激活设备正慢慢从科幻小说中走进现实也就不足为奇了。有声书已经非常受欢迎，比起阅读来，我们汲取内容时需要付出的努力更少。在给消费者传递信息的时候，问问自己："使用声音沟通会减轻消费者的负担吗？"

味　觉

社交场合几乎离不开食品或饮料。吃、喝和社交是分不开的：很少有人喜欢独自下馆子。食品和饮料也经常用来表示感谢。受邀出席朋友的家宴时，你可能会带瓶酒，或者带盘菜。

第十章 法则七：让消费者的感官得到满足

> **威骑（Wiggle）——意外的欣喜**
>
> 我最近在网上零售商威骑（Wiggle）订购了一些骑行装备。打开包装的时候发现，跟我的订单一起发来的还有两小包哈瑞宝糖果。这种做法非常好，往往会带来意想不到的惊喜，能让体验变得更好一点，并让消费者对你死心塌地。

所以，在消费者体验的环境下，食品和饮料不仅是一种能增强愉悦的社交手段，还可以用来表达感激之情，或者让消费者感觉宾至如归。

多感官体验

每种感官如何用于增强消费者体验，上面已经做了简单的总结，我想以两个差异很大的企业，如何通过创建出色的多感官体验而获得成功的例子来结束这部分内容。

> **肥鸭店（The Fat Duck）——与众不同的多感官体验**
>
> 肥鸭店能成为一个如此特别的地方，关键在于厨师赫

斯顿·布鲁门塔尔（Heston Blumentha）的理念。他认为，吃饭是真正的多感官体验。他经常与心理学家和科学家合作，怀着强烈的好奇心打造一场美食盛宴，对每一个感官的考虑都达到极致。赫斯顿解释说："我当然想要做出美味的食物，但美味取决于非常多的因素，它不只是简单地出现在嘴里——它是环境、历史、乡情、情绪、记忆以及视觉、气味、声音和味道之间的相互作用，所有这些，在我们欣赏和享用食物的过程中都发挥着重要的作用。"

这种做法不仅诞生了像著名的培根鸡蛋冰激凌这样的创新菜品，而且还通过耳机向用餐者播放音乐，用干冰散发令人回味的芬芳。结果不言自明：2005年它被《餐厅》杂志评选为世界最佳餐厅，《美食指南》连续5年将它评选为英国最佳餐厅，肥鸭店目前保持着米其林三星的地位。赫斯顿自己也获得了很多荣誉，包括英国女王2006年授予的大英帝国勋章（OBE），以及《绅士季刊》在2004年、2010年以及2011年评选的年度人物。这里的意思很明确：专注于让感官愉悦，世界就会为你打开一扇门。

第十章 法则七：让消费者的感官得到满足

汤尼英盖美发店（Toni&Guy）——一种多感官体验

为了提供一种完美的多感官体验，汤尼英盖的美发师们显然非常卖力，远远超出了理发的范畴。躺在床上洗头时，我马上就注意到从天花板上倾斜下来的电视屏幕，里面正在播放他们自己频道的音乐电视节目。做完头部按摩回到椅子上，他们提供了几种饮料供你在理发时享用。因此，这次体验包括了视觉、听觉、触觉以及味觉。如果选择购买他们的头发护理产品，甚至还包括了嗅觉。这些手段显然是有效的：2011年，汤尼英盖第四次被评为超级品牌。如今，他们在全球拥有420多家美发沙龙，雇员超过7000人。2008年，汤尼·马斯库洛（Toni Mascolo）被授予大英帝国荣誉勋章。

本章的后续部分提供了一些通用指南，供你在试图改进感官体验时考虑。

对感官丧失的弥补

我们很少会考虑感官的重要性，直到我们发现自己无法使用它们。随着年龄的增长，我们的感官也不再像以前那么灵敏了,而且很多人都遭受着感官失能的困扰。不要掩盖这个问题:使自己的产品和服务让所有人都能用,是一个巨大的商机。你甚至会发现,如果产品能让那些有感知障碍的人使用起来更方便,那么其他人用的时候也会更顺手。我听过无数人称赞 Kindle 电子书阅读器,因为他们可以放大文字字号,让阅读更轻松。不要把便利性当成可有可无的事情。问问自己:"我们如何才能让产品或服务更好地帮助那些有感知障碍的人呢?"

OXO 好易握厨具(OXO GoodGrips)——方便是门好生意

"OXO 国际公司由企业家山姆·法伯(Sam Farber)于 1989 年创建,他研发了一系列使用方便的厨房用品,灵感来自于他妻子的关节炎。比如,好易握削皮器安装了更厚实的手柄,更容易抓牢。他们很快发现,给那些行动不便的人设计的工具,其他人用起来也会更加舒适,对所有人都更具吸引力:OXO 现在出售的产品种类超过 850 种,获得过 150 多个国际设计大奖,而且从 1991 年至 2009 年,它们的销售额平均增长了 27%。

会剥夺我们感官的并不只是残障:只要上网,也会发生这样的情况。在网上购物时,我们因无法触摸、闻到或尝到某个商品而难以决策,尤其是在购买像衣服或食品这样有触感的产

第十章 法则七：让消费者的感官得到满足

品时。很奇怪，这个领域至今几乎没有取得什么进展，我猜想可能是因为弥补措施的成本太高，比如展示产品质地的特写照片，或引人入胜的文字描述。我相信，在未来的几年中，这个领域将会出现巨大的进步。为什么不充分利用声音和视频剪辑来弥补失去的触感呢？多年来，营销人员在电视广告方面就已经成功地做到了这一点。当面对某种感官被排除在外的情况时，问问自己："我们如何利用其他感官来弥补？"

暂停一下

有时，我们很容易感觉到我们的感官遭到了狂轰滥炸。大街上，刺耳的音乐从店铺里传出，从耳机里漏出。每一个平面上的广告都在极力吸引我们的注意力。办公室里，很多人每天都会收到几百封电子邮件、即时消息和电话，还要忍受周围的机器轰鸣和嘈杂人声。这不仅毁掉了我们的专注力，也让我们焦急地渴望来一次暂停。

> **德拉赫滕（Drachten）的"裸街"——心理性交通减负**
>
> 如何在提高道路安全的同时减少拥堵？有一种方法在

> 荷兰取得了巨大的成功，就是尽可能地拆除交通标志和信号灯，现在这种方法在英国也初见成效。这种违反常识的方法之所以有效，是因为周边环境的模糊性，迫使驾驶员减速并把精力集中在他们身边正在发生的事情上，保持与其他驾驶员眼神上的接触，并避开人行通道，而不是简单机械地按照指示牌行驶。首先采用这种方法的荷兰小镇德拉赫滕，尽管每天经过该市的汽车超过了22000辆，但是该市已经拆除了所有的交通信号灯。他们发现在一个十字路口发生的交通事故数量，从过去四年的36起下降到过去两年的2起。类似的结果在丹麦和英国也得到了验证。研究显示，取消中心线后道路事故率下降了35%。这是一个很有意思的例子，说明了怎样去除环境中的刺激因素来帮助我们集中注意力，并从正面引导我们的行为。

在一个总是被过度刺激的环境里，能够令人平静下来的体验肯定会受到欢迎。或许，"更少"意味着"更多"。降低体验的密度，或者排除一些敏感的干扰，体验的效果可能会得到极大的增强。问问自己："我们该刺激还是该缓和这些感官？从环境中消除些什么，能让体验更轻松？"

第十章 法则七：让消费者的感官得到满足

> **甲虫楔子餐厅（The Beetle and Wedge）——手机税**
>
> 这家安静的餐厅位于我家附近的河边，它有一个有趣的规定，防止恼人的手机侵扰：接一个电话罚 5 英镑，在餐桌旁打电话被发现罚 10 英镑。所得款项全部用于慈善。

保持一致性

我合作过的大多数公司都会使用大量的自由职业者、设计机构以及内部团队，主要取决于任务的规模、复杂程度和性质。结果就是，他们提交的产品和服务，从外观和感觉上看就像一个大杂烩。我们甚至看到同一个网站的页面也出现了不同的风格处理，这会导致无穷无尽的混乱。在消费者旅程的每一个阶段，确保所有的产品、服务和媒介拥有一致的外观和感觉，这项工作非常重要。这有助于提高品牌的辨识度，并进一步强化你想要传达的信息。

> **唯我赤足（Vivobarefoot）——媒体一致性**
>
> 这个品牌的鞋与市面上其他品牌的鞋大不相同。唯我

> 赤足认为，对于鞋子来说，最好的设计就是允许脚像赤足那样移动：让脚趾可以伸展，双脚可以感觉到我们正在经过的地面。这样做抑制了脚跟落地的跑步方式，从而降低了受伤的可能性。要达到这个目的，鞋底必须很薄，但是必须结实，不会被刺穿。唯我赤足也非常自豪于他们的道德立场：制造鞋子的材料和生产技术都是环保的。
>
> 他们把企业名片印在一种叫作高密度聚乙烯合成纸的材料上，这种材料不仅撕不烂，而且非常轻薄，还可以100%回收利用，他们成功地传达了产品的所有质量和联系方式。我收到的大多数名片都会分门别类地归档保存，但是这张名片在我的钱包里放了很长一段时间。我也拿出来向很多人展示过。

用简报和测试贯穿全流程

要创建一种在体验的每个阶段都能满足功能和审美需求的感官体验，简报和测试两个环节是至关重要的。要提交出既可用又吸引人的成果，是一项真本领，在大多数情况下需要有专业的设计师。设计师拿到的简报的明确程度,不仅决定了工作的质量,还直接影响最终的成本:模棱两可的简报可能造成无休止的修改而导致成本翻倍。另外,如果没有彻底的测试,我们将无法知道我们的目标是否已达成。根据我的经验,在匆忙地将产品推向市场的过程中,简报往往被牺牲在"好好配合"的催促中,而测试则在上市的压力下被妥协掉了。我恳请大家不要把这些阶段当作整个流程的旁枝末节,而应该是流程的主干。一旦产品出现在市场上,后悔就来不及了。

小 结

- 每一项产品或服务本质上都是感官体验,所以,对于刺激感官的方法必须做到心中有数,不能随心所欲,也不能靠运气。
- 每种感官都应该加以考虑:它们都能提供大量的机会,提升消费者体验,并让产品和服务从竞争中脱颖而出。
- 体验本质上是多感官的:各种感官不应该被孤立地考虑,它们必须协同工作。当我们的感官受到限制时,需要特别考虑。
- (刺激的)密度是一个重要的考虑因素:从醒来的那一

刻起，我们的感官就遭到持续的狂轰滥炸。在舒缓感官和刺激感官的过程中，机会都同样存在。
- 一致性是关键：所有的交互活动都应该使用同一种设计语言，以便明确无误地传达信息。
- 最终的设计必须是深思熟虑的结果：完整的简报和严格的测试是必不可少的。

第十一章

法则八：体验是一种社会交际

培养与消费者个人关系的重要性怎么说都不为过:与陌生人相较,我们更放心从朋友处购买。另外,我们在社交群体中的地位,也是一种强大而隐秘的促进因素。能够提升我们社会地位的那些体验,通常是最有价值的。本章将告诉你如何在社交层面吸引消费者。

第十一章 法则八：体验是一种社会交际

贸易是一种社会行为。

——J. S. 密尔（J. S. Mill）

我时常会想，商业运行的基本原理是什么。我们很容易陷入这些虚假的复杂性中：甘特图、杠杆率、战略平台、态势分析、宏观环境分析等各种毫无意义的术语。它们很容易模糊活动与进展之间的界限，或者使平庸变得更具吸引力，但是，在这样做的时候，我们其实忘了，事情本可以而且也应该多么地简单。

举个应景的例子，几年前，我的朋友本给我打电话。他说自己刚刚跟一位可爱的女士通了电话，她一直在帮他办理汽车保险。他说我应该给她打个电话；她也能够帮我搞定。这事说过之后我就忘了。一周之后，他又给我打电话，说他又跟她联系了；现在，我记住了她的名字——莎拉·简妮，他再次跟我说应该给她打个电话。很明显，他交了一个新朋友。

大约一周后，我给她打了电话。这事发生在我又一次对当时的保险提供商大发雷霆之后。当时我被各个部门推来推去、排队等待、与机器人交谈，而他们只会把电脑上看到的内容转告给我。正如本所说，她真的很可爱：友好、热情、礼貌而且有趣。有那么一刻，我认为自己好像进入了一个奇异的平行宇宙：出现在这里的我，只需要通过电话就可以办理保险业务，不用担心面对那种极度烦人的状况。我真的很喜欢这种感觉。

让我们快进至眼下的情形：本把自己的汽车和家里的财产都找她投了保。我把汽车和家里的东西也找她投了保。我还跟已知世界里（也就是我认识）的所有人说，跟她打交道如何如何地好。上周，我收到了她公司发来的一份通知，告诉我他们要搬家了：他们的公司已经发展到一定规模，需要更大的办公空间。考虑一下当下的经济形势。在一个由巨头主导而且比价盛行的行业，在经济萧条的大环境下，一个小镇上的经纪公司的业务却在飙涨，连办公室都不够用了。

还有另外两个名字：安德鲁·希尔和艾力赫·弗格森，他们在当地的一家咖啡馆工作时，我成了他们的顾客，并认识了他们，现在我们都已经处成朋友了。安德鲁是个了不起的厨师，而艾力赫作为前台，是我遇到过的最友善、最好客的东道主之一，我很享受他的服务。他们最近开了自己的酒吧，媒体上的各种渲染会让你相信这是一个多么疯狂的行为：酒吧以每周50家的速度在倒闭！好吧，他们仅仅开张了一两个月，但是，现在想要订张晚餐的桌子已经需要提前好几天预订了。他们无法应付所有的需求。

我还可以继续：保罗·李在牛津的室内市场（Covered Market）开了一家照片装裱店。他是个可爱的家伙，擅长自己的工作，对自己的事业怀有天生的激情，从他开口说话的那一刻你就能感受到。9年来，我没有在别处购买过相框，哪怕得等上几周的时间：你看，他总是很忙。

第十一章 法则八：体验是一种社会交际

我知道这些人的名字，和他们在一起是一种真正的快乐，他们的事业也取得了巨大的成功，这难道只是巧合吗？我认为不是。如果有什么区别的话，那就是他们成功的原因。人类是社会性的动物。这已经写进了我们的基因里。被单独监禁几乎令人无法忍受是有原因的：我们需要社会交往来保持健康和快乐。那么，对于消费者体验来说，那些把生意做成快乐社交的人，会在竞争中遥遥领先。

个人接触

细心、有魅力的员工的热情接待，就像一封漂亮的手写信函，在一堆垃圾邮件中脱颖而出，一次出色的个人服务会给消费者留下不可磨灭的印象。多年来，我从朋友那儿收集了很多成功的案例，可能最令我难忘的是一位朋友的母亲，她一直念念不忘的一件事情是，50多年前她生病的时候，一位银行的工作人员到家里来探望过她。

> **维松（Vitsoe）搁物架——个人服务**
> 日期：2009年10月27日，星期二，下午7:25
> 马特，你好！

> 时间过去得有点久了,但我还是想给你写封信,问问你挂架的安装情况。我希望它们是有用的,并且在安装过程中一切顺利。我记得你当初是打算把它装在储物间里,如果可能,我很想看看你(装好后的)房间照片。
>
> 如果有什么事情我能帮上忙的请随时告诉我。
>
> 谨致问候!
>
> 尼克

往消费者体验中添加个人接触,会有很多收获,无论是记住一个顾客的名字、建立真正的友谊,还是迎合一个不情之请。在这个世界上,我们经常被当成数字来对待,在企业的规模面前无足轻重,如果能被个性化对待真的会令人精神振奋。在脸书(Facebook)和推特(Twitter)这样的社交媒体服务中,这种做法变得前所未有地简单。就在今天,我在脸书上给我定的那家修理厂的老板发了条信息,就预定好了汽车保养服务。问问自己:"我们怎样才能在体验中加入个人接触?"

日本航空公司——感谢条

在下飞机的时候,乘坐日本航空头等舱的旅客常常会收到客舱服务员手写的感谢条。听说有些乘客会把这些便条收藏起来。客户不必支付高昂的额外费用,就能

第十一章 法则八：体验是一种社会交际

> 够获得个性化的对待。机会到处都是。为什么不考虑一下如何向你的客户表达个人的感谢呢？被别人重视的感觉很不错。

《纽约先驱论坛报》（*New York Herald Tribune*）上刊登了一篇精彩的文章，引用了芝加哥珠宝店 G. L. 克雷门茨（G. L. Clements）先生的话，他对怎样打造良好的消费者体验有一些心得：

"'为顾客提供微妙的心理价值'的超市，比单纯依靠价低而质优的商品的超市，更有机会建立起有利润的消费者群……

在决定如何向顾客提供有吸引力的'心理价值'方面，克雷门茨先生认为，企业应该寻求培养'与我们喜欢的朋友身上具有的相同特质'。他将这些特质概括为：干净、时尚、慷慨、礼貌、诚实、耐心、真诚、同情心以及友善。他说，每一位商店经营者都应该问问自己，这家商店是否具备这些特质……"

这篇文章发表于 1949 年 5 月 10 日，已经是 60 多年前的事了。真希望他的这些建议能得到广泛采纳。现在，如果我们跟某人交谈，他们很有可能不会表现出上述任何一种品质，这并不是他们的错。他们的工作绩效很可能就是以一天中能够处理的电话数量来衡量的。他们也无法表达任何真诚或友善，因为他们都要按一份经过批准的文稿来照本宣科。当他们找到你时，他们说的话或许在那一天已经重复一百遍了。遗憾的是，员工很有可能以公司对待他们的方式来对待消费者，而员工的待遇并不总是很好。在我服务过的所有企业里，员工，尤其是那些一线员工，都是价值被极大低估的资源。

很显然，服务员的工作远远不止于把饭菜从厨房端到桌子上那么简单。同样，呼叫中心的工作人员也不仅仅是简单地处理问询。在超市里码货的那些人也是如此。这些人都是企业的化身：他们是企业的脸面。我们一般不会与厨师、老板或经理打交道。记住这一点，除了他们的日常职责外，我们很有必要考虑他们能够而且应该发挥的重要作用。

员工就是你的独特卖点

如果你拥有一家传统的实体店，有什么办法来阻止消费者在线购买那些跟你完全一样、但价格更低而且更方便的产品和服务呢？如果答案是"什么也没有"，那你很可能已经身陷麻烦了。2011年有消息说，位于商业大街的水石书店（Waterstones）宣布将关闭11家分店，美国图书零售商博德（Borders）也陷入困境；然而，据《卫报》（The Guardian）报道，"经过几年的销售下滑和倒闭潮之后，很多独立书店现

第十一章 法则八：体验是一种社会交际

在正蓬勃发展，通过提供个性鲜明、内容广泛的实景体验和个人服务，让自己从高折扣的竞争中脱颖而出。"水石书店的新任执行董事现在正在尽力"回归连锁书店个性化和高度知识化服务的传统价值观"。

如果我只是想买本书，我可以直接上网购买。但是我也喜欢浏览并发现点新东西。当有人向我推荐东西时，我会很感兴趣。博学多才、热情洋溢的工作人员能为消费者体验增加个人接触，这一点网站是无法比拟的。问问自己："我们的员工能给我们带来哪些不易被竞争对手模仿的体验？他们的知识、热情和技能如何才能创造一种独特的体验？"

Trailfinders 旅行社——博学友善的员工

在写作本书的时候，周边的旅行社都已纷纷倒闭。家喻户晓的托迈酷客旅游集团（Thomas Cook）2011年亏损了3.98亿英镑，现在，为了改善经营状况，该公司目前关闭了200家分社。他们的倒闭不仅是因为经济衰退，还因为像 travelsupermarket.com、lastminute.com、kayak.co.uk 这样的在线预订和比价网站的兴起。

那么 Trailfinders 旅行社为什么能够兴盛呢？答案是：专业的员工和出色的个人服务。网上的评论赞扬了他们的员工，他们似乎一生都在旅行，所以几乎对所有的旅行要求都能串起一条理想的行程。作为一种不错的做法,当你登录网站查看自己的在线行程时,右上角会出现处理你订单的人的照片以及联系方式,让整个业务变得很人性化。

结果不言自明:2012 年,Trailfinders 旅行社位列英国权威消费类杂志《Which?》"消费者旅游调查"榜首,获得了 97% 的消费者满意度。他们还获得了 2011 年《Which?》杂志评选的"最佳旅游公司"奖,还有来自《每日电讯报》(Daily Telegraph)、《卫报》(The Guardian)、《星期日时报》(The Sunday Times)的各种盛赞。我是怎么知道这家公司的呢?当然是朋友向我推荐的。

每个人都在做营销

不久以前,我从伦敦坐列车回家,一路上都跟坐在我对面的人聊天。谈话不经意间转到我们的职业生涯上,他说他从事垃圾管理工作。我说,我一直想不明白,垃圾收集之后是怎么处理的。让我吃惊的是,我们接下来的半小时一直就在专注地谈论这个话题。他向我解释他们的设备多么先进,能够利用激

第十一章　法则八：体验是一种社会交际

光分开不同的材质，自动分拣垃圾。我没想到，我们的对话会如此有趣。他对自己的工作充满热情，完全不是我们一般会认为的谈到垃圾时的那种状态。迈克（我记住了他的名字）在宣传自己服务的公司时，做得比任何广告都好。

每一位员工都在做营销：他们会告诉朋友和家人，自己在为一家多么伟大的企业工作，他们提供的是多么了不起的产品和服务。更好的是，他们实际上可以向大家展示出来。他们处在一个独一无二的深受信赖的位置，可以不受质疑地分享他们的意见。问问自己："我们的员工会怎么评价我们的企业？如何让他们成为最值得信赖的宣传员？"

你的人就是你的"顾客忠诚计划"

忠于一个人要远比忠于一个品牌容易：我们对那些建立起个人关系的人会给予更多的信任，而且更倾向于在朋友那儿而不是陌生人那儿购买东西。你会更愿意在哪一家商店购买早餐咖啡？是像朋友一样接待你，并且在你开口之前就知道你要什么的店家，还是对你爱理不理的店家？除了莎拉·简妮外，我和我的朋友本不太可能从别人那里购买保险了，哪怕他们的价格更便宜。我的银行业务也是如何。我认识他们的经理，而且已经合作了很多年。我需要什么东西时，只要打个电话、发个短信或电子邮件，他们就会帮我办好。

一线员工就是你的调研团队

我从事的大多数项目都需要进行调研。我们需要熟悉这个领域，尽可能多地了解消费者和市场动向。通常的做法是找来一家调研咨询机构，拿一份任务书，然后消失一两个月后再回来提交报告。大多数客户也会召开研讨会，让消费者进到办公室，讲讲他们的意见。

我一直觉得这有点奇怪。我们的员工肯定每天都在店里、客服中心或者在路上跟消费者打交道。为什么管理层不能花点时间亲自去店里，培养对实际情况的丰富感受呢？软件开发人员为什么不能每周花一两小时在服务台，以便了解消费者遇到的麻烦呢？如果能这样做会更好。

在过去的7年间，我见到过一位高级经理从事面对消费者的工作次数为零。在花钱做调研之前，为什么不把已经掌握的资源用到极致？屈尊走进商店，询问一下你的员工，他们一定会很喜欢亲自参与改进的这种感觉。更好的是：穿上他们的鞋走上一英里路，亲自去看看。问问自己："一线员工是否为改

第十一章 法则八：体验是一种社会交际

进消费者体验做出了有意义的贡献？"

你的人就是你的应急计划

你可以通过企业在出现问题时的处理方式来了解他们的情况。事实上，一个遇到了问题但是解决得很好的体验，往往会比从来没有出现过任何问题的体验得到更高的评价。当事情出了差错时，我们关注的重点往往是如何回到原来的、从一开始就没有问题时所处的位置。这种做法忽略了与问题相关的成本：浪费掉的时间、精力，以及失去的快乐。

> **丽思卡尔顿酒店（Ritz-Carlton）——每位客人2000美元**
>
> 丽思卡尔顿连锁酒店的所有员工都得到授权，每位客人每次突发事件可以花费最多2000美元，以求为顾客创造一个完美的体验。关键点在于，这不只适用于出问题的情况下，也适用于有机会做一些不同凡响的事情。有这么一个例子：酒店建造了一条通往海滩的木质走道，搭了一顶帐篷，供一名男子和他的妻子（坐在轮椅上）共进晚餐。这并不是顾客要求的，而是他们自己主动做

> 的。这种态度在丽思卡尔顿酒店的文化中根深蒂固，而培训是把这种理念变成现实的主要途径。但是，任何企业都可以为一线员工提供一套消费者体验指导方针，作为培训的一部分。给他们一点自主权，不仅会让他们的工作更有价值，也会让他们更加关注机会和问题。所有人都是赢家。

通过把问题当成展示自己才华、承诺和关心的机会，而不是在顾客的威逼下做出赔偿，或者只是以最低限度的付出让他们返回正轨，你可能会收获巨大的利益。问问自己："我们怎样才能将消极的转变成积极的呢？当错误发生时，我们怎样证明我们真的很在乎？"

当出现争议时，我们很容易把注意力放在谁对谁错上：如果是顾客的错，那与我何干？放下争议，问问自己："什么更重要，是争个对错，还是讨人喜欢？你真正感兴趣的是什么：是逞一时之快，还是构建长期的关系？"还有另一件更重要的事情要时刻牢记："顾客"这个词不仅仅指谁来买单。当我们成为顾客时，我们被自动赋予了一种特权地位。在我们心里，成为一名顾客是很重要的事情。从这个角度出发，企业存在的目的就是服务我们，而服务就是做仆人。这是一个值得认真思考的问题。

第十一章 法则八：体验是一种社会交际

地位升级

回想你曾经经历过的一次糟糕的消费者体验。也许有位服务员对你很不礼貌，或者有人不回你电话。有可能你致电请求帮助，但是他们拒绝伸出援手。也许你走进一家商店，店员不主动提供帮助，而是站在那里聊天。所有这些体验对我们来说都是不愉快的，因为他们贬低了我们的身份：没有承认我们的重要性，没有对我们的地位表示出尊敬和爱戴，这就是问题的根源。

这种特权地位具有普遍性：它是消费者身份的基本组成部分。无论我们是买一个甜甜圈还是一辆宾利豪华车，它都适用。当一家企业表现出好像我们可有可无的时候，就是一个事关地位的问题。在消费者脑中，不存在其他消费者，或者就算有，也没有我们这么重要。你对消费者说的最糟糕的一句话可能就是："今天我还有上百位客户要处理。你占用我太多时间了。"这会让我们感觉自己微不足道。

地位问题往往被忽视，因为它是一个非常个人化的私密问题。提这个话题几乎是一种禁忌，或至少会被认为没有礼貌，但没有说出来并不意味着它不重要。正如艾伦·狄波顿

(Alain de Botton)在《我爱身份地位》(*Status Anxiety*)一书中解释的:"……尊贵的地位被很多人当作最佳的世俗幸福之一(但是公开承认的很少)……我们都或多或少经历着地位焦虑的折磨,通常是私下的,而且很尴尬。"我们很在意,尽管不会跟别人说。

> **彭博软件(Bloomberg)——不寻常的身份象征**
>
> 源自于身份地位的快乐可以解释各种奇怪的行为。最近我在阅读一篇关于彭博金融市场软件的文章时,发现了这样一个有趣的例子。这个软件的用户界面设计被公认为丑陋、复杂、难用,但是用户对于重新设计界面的抵制却很强烈。为什么?原来掌握这个软件被视为一种身份象征。
>
> 正如多米尼克·雷卡(Dominique Leca)在《用户体验杂志》(*UX Magazine*)中所写:"由显而易见的UI(用户界面)缺陷造成的苦恼,被奇怪地转变成一种令人满意的体验,让你看起来像个专业高手。彭博终端界面看起来很糟糕,但它让交易员假装你需要很有经验,而且知识渊博才能使用它。用户倾向于复杂和混乱,而非效率和清晰度,以维持一种虚幻的身份象征。"

身份地位不仅仅是炫耀财富,或者让邻居们印象深刻,它的含义远不止于此。没有谁参加奥运会心里想的是拿第七:他

第十一章 法则八：体验是一种社会交际

们想的是第一，金牌。你会梦想着哪天成为老板，而不会梦想成为某个人的小跟班。地位对于我们所有人来说都是至关重要的。我们渴望它，因为它对我们有好处。在《追求快乐》（*The Pursuit of Pleasure*）一书中，莱昂奈尔·泰格（Lionel Tiger）解释了实验如何表明，身份地位的提高实际上会改变我们大脑和身体中的化学物质，增加一种名为血清素的分泌水平，这种物质已被证明在我们的健康和幸福中起着多种作用。

泰格得出结论："核心事实就是，身体产生的物质受个体社会地位的刺激。当这种物质达到一定水平时，个体表现出舒适和健康的特征……他或她比该等级系统中处于较低位置的个体拥有更好的生理和心理健康……地位差异转化为生理差异。较低的地位和地位不确定，都会产生生理上的干扰，也可能导致心理性不安。"换句话说，较高的社会地位不仅令人愉快，对我们的健康也有益。

> **Bugaboo Donkey 儿童推车——1200 英镑一辆的推车**
>
> 似乎没有什么东西不能用来彰显拥有者的身份。见识一下 Bugaboo Donkey 这种第一个在价格上突破 1000 英镑大关的儿童推车。谁会为孩子花这么一大笔钱买这种短时间内长大就用不上的东西呢？事实上，很多人都会。该车于 2011 年上市的时候，急切的父母们不得不被列入等待名单。来自商业街的零售商发言人约翰·路易

> 斯（John Lewis）说："数量庞大。上周我们推出了价格类似的一款，一小时售罄，这让人印象非常深刻，因为这是一款价格如此昂贵的商品。"

对于消费者体验来说，它的意义很明显：我们最喜欢的体验是那些提高我们的地位，让我们感觉自己很重要的体验。对于消费者旅程的每一个阶段，问自己一个简单的问题："我们要做什么才会让消费者觉得自己很重要？"

小　结

- 人类是社会性动物。那些把生意做成一种快乐社交的人，将在竞争中遥遥领先。
- 一次出色的个人服务，会给消费者留下不可磨灭的印象。
- 只要可能，尽量给消费者体验增加点个人接触。
- 一线员工是企业的形象化身：他们是可贵的资产。
- 你的员工是潜在差异化的强大来源——充分利用他们的知识和个性。
- 记住，每个员工都在做市场营销工作。他们会如何谈论

第十一章 法则八：体验是一种社会交际

你的企业？

- 忠于一个人要比忠于一个品牌容易得多。与消费者建立个人关系会让他们成为回头客。
- 你的一线员工对消费者的了解要远胜于其他任何人。利用他们的专长来改进你的消费者体验。你已经为他们支付了报酬，他们也会觉得自己更有价值——所有人都是赢家。
- 把问题当作展示才能、承诺和关心的机会。不要只做最低限度的事情。
- 我们成为顾客的时候，就被自动赋予了特权地位。最重要的一点是，要让每位顾客都觉得自己很重要。

第十二章

法则九：让消费者处于掌控地位

对我们来说,"掌控"具有关键性的意义:我们想按自己的时间表,以自己的方式做事情,坚决反对那些想迫使我们百依百顺的要求。相形之下,我们喜欢灵活、包容并且让我们有掌控感的体验。本章将探讨如何最大限度地提高消费者的掌控感,而不是让过多的选择成为他们沉重的负担。

第十二章 法则九:让消费者处于掌控地位

> 我按自己的方式做事。
>
> ——弗兰克·辛纳屈(Frank Sinatra)

我们不仅想实现我们的目标,而且想按自己的方式去实现。对此,心理学上有一个合理的解释。心理学家爱德华·德西(Edward Deci)和理查德·莱恩(Richard Ryan)提出了颇具影响力的"自我决定理论"(Self-Determination Theory),强调自我掌控对我们幸福感的重要性。他们的理论认为,我们有三种内在的心理需求:关系需求——对社会交往和与他人联系的需要;能力需求——对周边环境的掌控感;自主需求——自由意愿的实施。我们都希望自己是命运的主宰。

掌控的愿望如此强烈,以至于很多人在工作上花更多的时间和精力试图赢得对项目的控制,而不是让这些项目取得成功。所有在大公司工作过的人都会告诉你,人们很少会主动放弃对某件事的控制权,而且尤其不希望把控制权交给消费者。当涉及消费者体验时,最大的问题往往是掌控的缺位。我们都有过那种沮丧的感觉,遇到问题时根本不知道谁能做主:也许我们想和某人讨论一个问题,但是电话一直没有接通;也许我们不具备足够的专业知识,不知道自己是否上当受骗。我们可能发现自己签了一份与个人期望相差甚远的服务合同,但又不得不苦熬到合同到期,才能换另一个更好的服务提供方。在这些情况下,我们发现自己几乎是在花钱买罪受。这是一种非常不好的感觉。

幸运的是，技术的进步以几十年前无法想象的方式赋予了消费者权利。这一点并没有被忽视，很多企业现在不得不对他们的运营方式做出重大改变。沃达丰集团（Vodafone Group）的首席执行官维托里奥·科劳（Vittorio Colao）是众多意识到自己正面对这个新现实的人之一："不再由品牌说了算，告诉消费者该做什么……而是由消费者来决定，我正努力引导整个公司朝这个方向发展。"所以，要创造最好的体验，我们需要确保消费者感觉自己控制着过程的每一步。

选择的自由

给消费者更多的控制权，最常见的方法就是给他们提供更多的选择，让他们决定"何时""何地"与企业互动，并决定他们买"什么"。这可能在字面意义上提供了更多的控制，因为消费者拥有了更大的决策权，但是这种方法也有其缺点。提供更多选择，只是让消费者在一定程度上有更多的控制权。正如我们在"压力"和"费力"章节中看到的，选择范围越大，决策也就越难。超出了一定程度，提供更多的选择实际上会让消费者的掌控感更弱。

第十二章 法则九：让消费者处于掌控地位

把更多的决策权交给消费者，也并不一定能让他们拥有更多的控制权。我认识的大多数人都拥有数码单反相机，但他们从来没用过自动模式以外的拍照模式：如果被迫做手动设置，他们就无法正确设置光圈来拍出一张好照片。他们可能有决策权，但是无法真正控制最终的结果。

掌控必须与技能匹配，所以，当决定应该给消费者多少直接控制权时，能力是个关键因素。在很多情况下我们会发现，让别人为我们做决策是最好的选择，所以，为了成功地控制我们的目标，对于某些细节我们应该学会放手。这样也有利于减轻我们的负担。我不想把整个周末花在打理银行账户上，我想把这项工作授权给别人去做，这样我便放弃了对这项工作的控制，但是赢得了对时间的控制。遗憾的是，对一件事的掌控往往意味着对另一件事的放手。

反过来想，我们提供给消费者的选择越多，企业的花费就越高。开发的产品越多，营运管理的渠道就越多；开放的时间越久，成本就越高。例如，如果我们决定开发一套手机和平板电脑的应用程序、与实体店并驾齐驱的自助终端和社交媒体服务、网站或呼叫中心，我们就可能会面临把资源摊得太薄的风险。我见过很多企业都是这样做的，除了为消费者提供更多的选择外，这些项目没有任何理由。他们一开始就说，"我们要做个移动应用程序"，然后就提出了后面要做的事情。在三种不同的而且准备和执行又都不到位的渠道中做选择，对任何人都没有好处：消费者不会使用，而投进去的钱也都打了水漂。

打造一个合适的、在众多接触点之间无缝对接的消费者体验，可能是一项巨大的工程。增加的接触点越多，要支持的功能就越多，它就会变得越复杂。为了实现这种无缝体验，一些公司不得不重建其整个技术基础构架。这样做不仅投入巨大，而且，据我所见，能够成功的很少。

与这种受到很多企业热捧的全渠道、全天候、无限选择的理念形成鲜明的反差，我认为应该尽力向消费者提供"适当的"选择，而不是简单地提供最大可能性的选择。我们不应该只是怀着尽人事、听天命的想法：为选择而选择，这对消费者体验和企业利润都是有害的。真正的挑战在于，确定提供多少个选择是足够的，以及我们究竟应该让消费者选择什么。我不会为这一挑战提供一个规范的解决方案，相反，我将研究那些消费者通常寻求控制的、会对体验造成影响的要素，并把这些要素与我们目前所讨论的这些法则联系起来，解释为什么会是这样。

这种做法有两个好处：首先，它会让你在改善体验方面给予消费者最有效的控制；其次，它允许你根据轻重缓急安排工作，并且最有效地利用你的预算。这也将对我们已经讨论过的那些法则进行一次卓有成效的重新概括，并对它们如何在实践中协同工作形成一个初步的认识。马上开始，下面是消费者通常最想掌控的事情。

第十二章 法则九:让消费者处于掌控地位

控制时间

时间是我们最珍贵的资源。互联网颠覆了我们做生意的方式,因为它允许我们在最适合自己的时间内进行多种交易。它也适合大多数公司:服务器比人和大楼更便宜。

掌控我们做事情的时间,本身与选择没有关系,而是通过让它更方便,从而减少完成任务所需的努力。因此我发现,把讨论的重点放在便利性上比放在选择上更有意义,因为它把消费者的特定需求记在心里:我们可以让呼叫中心或商店24小时营业,这是我们的最终选择,但是,如果在某些特定时段之外没有什么需求的话,这样做并不划算。也许可以通过在高峰时段增加当班员工来减少顾客的等待时间,从而提高便利性。反过来,你也可以推迟打烊时间,这样人们就可以在下班后购物,特别是如果竞争对手都在下午5点关门,结果就变得完全不同了。问问自己:"我们能通过改变消费者可以使用的时间,给他们提供更加便利的产品和服务吗?"

让消费者掌控自己的时间,不仅仅是在他们做事的时候给他们提供选择,而且是要管理他们对事情何时发生所持的期望——所有不确定的事情自然在我们的掌控之外。为了一个快递员或者维修工程师的到来而等上一整天很令人恼火。此外，我们常常不知道一项任务要花多长时间才能完成，所以我们无法有效地规划自己的时间。问问自己："我们怎样才能对事情何时发生设定更好的期望呢？我们能够让消费者知道完成这项任务将要多长时间吗？"

> **奥凯多超市（Ocado）——控制你的时间**
>
> 　　备受赞誉的网上超市奥凯多，允许你在上午6点至晚上11:30之间选择一小时的时间段来确定货物送抵时间。
>
> 　　这里有两条法则在发挥作用，让消费者获得了掌控感：奥凯多通过提供尽可能方便的服务来减少顾客的工作量，并设定准确的期望，从而消除了体验中的不确定性。

控制地点

多渠道消费者体验的承诺，是让消费者对与我们互动的地点有更多的控制权：他们可以在线上订购，从商店取货；或者在商店里购买，让他们送货到家。他们可以在社交媒体上关注自己喜爱的品牌，还可以通过智能手机获取很多服务。再强调一次,与让消费者掌控事情在何时发生一样,这并不是一个关于选择的问题,而是关于便利的问题——减少消费者需要付出的努力。

这就是我认为全渠道倡导者们弄错了的地方。很多人认为,消费者体验的精髓是通过每个接触点提供一切。对此我不敢苟同:这样做成本过于高昂,并且不同的接触点具有不同的功能,更适合不同的任务。比如,智能手机并不适合输入大量数据:对于这一类任务,拥有一个带有更大键盘和屏幕的设备仍然是首选。在把服务扩展到一个新的接触点之前,问问自己:"为什么消费者想在这个接触点做这件事?我们可以利用的接触点有什么独特之处?它真的更加方便吗?还是我们仅仅为了提供更多的选择?"

英国列车时刻表——通过便利提供掌控感

在为真正的消费者需求提供服务时,我们如何把接触点的优势发挥到极致?这个移动应用程序是一个很好的例子。它允许你查看两个站点间的列车时刻,这很实用。另外也允许你设置当地站点,这会附带两个巧妙的功能,第一是可以查看当地发车列表,包括追踪沿线列车的行程,如果列车晚点了,你就能知道晚点了多久。第二是利用电话的GPS(全球卫星定位系统)功能,你只要点一下"下一班回家列车",它就会找出离你最近的

> 车站以及下一班列车的到站时间。这两个功能都可以减轻消费者的负担。

控制支出

与支出有关的领域,企业都不太情愿给消费者提供更多控制权。报价有个不断攀升的坏毛病,而隐性收费、复杂而混乱的价格体系以及沟通不足常常搅在一起,可能会夺走我们的控制权。这种做法短期内可能会使企业赚到快钱,但是会引发消费者的积怨。一有机会,他们就会转投他处,而且肯定不会说你任何的好话。

从根本上说,让消费者对自己的支出拥有更大的控制权,只是期望管理的另一种形式。如果竞争对手通过剥夺消费者对支出的控制权来窃取利润,那他们就为你打开了诚信、透明和简单竞争的大门。问问自己:"我们怎样才能让消费者对自己的支出拥有更大的控制权?"

第十二章 法则九：让消费者处于掌控地位

> **沃达丰数据流量测试套餐——控制你的支出**
>
> 如何为智能手机挑选一个合适的流量套餐可能是个问题。大多数人，包括我自己在内，真的不知道GB（千兆字节）在电子邮件、视频以及下载时意味着什么：它只是一个任意的数字。结果，很多智能手机用户都收到了意想不到的巨额账单。沃达丰已经开始在这一领域做了一些改进，提供了一种名为数据流量测试套餐的服务。在合同的前三个月，你的手机数据流量不限量，超出套餐的部分也不额外收费。这个阶段结束后，会给你提供你的实际消费与套餐流量的比较报告，如果有差距，你可以换套餐。你也可以通过手机上的应用程序或在它们网站上查看你的账户来追踪流量的使用情况。这有助于你了解数据流量的使用情况，避免第一个月月末的时候被巨额账单吓到。

控制我们把钱花给谁

在最基本的层面，我们想要掌控跟谁做生意——我们想要决定是继续做客户，还是把业务转向别处。遗憾的是，我们常常发现自己被合同锁死了，留给我们回旋的余地很少，并最终感觉自己受制于公司，而不是相反。合同的期限越长，承诺就越多，所以必须投入更多的时间和精力来做决策。这样的协议可能会让消费者望而却步。有些公司通过免费试用期，允许消费者在购买之前先试用，从而让这个过程变得更容易；有些公司则更进一步，几乎消除了所有正在履行的承诺。

因为你满意而继续做客户与因为你不得不继续做客户，这二者之间存在着巨大的差异，而且，如果给予客户离开的自由，那么就能更好地表现出你对自己产品的信心。如果所有的竞争对手都采用锁住客户的做法，那你为什么不与众不同，给他们选择的自由呢？把剩下的体验做好，他们就会自愿留下来，并感激你的善意。问问自己："我们能够让消费者在购买之前先试用吗？是否应该给予消费者更多的来去自由？"

> **Basecamp 软件——可掌控的承诺与透明的价格**
>
> 打造了项目管理与协作软件 Basecamp 的 37 Signals 公司，在让消费者获得控制权方面做得很好。当你访问他们网站的产品信息页面时，顶部有一个清晰的价格选项链接——他们没有把它掩藏在看不见的地方。当你浏览这个页面时，大标题就是"价格诚实，没有意外。按需支付。无长期合同。无端口费用。套餐可以随时更换或取消"。它列出了 4 个明确而简单的价格选项，然后在

第十二章 法则九：让消费者处于掌控地位

> 表格底部说明，"从今天开始，免费试用45天。无强制义务，不需要信用卡"。
>
> 这种做法不仅让消费者对账单有了准确的预期，从而完全控制自己的支出；还让你选择是否继续做他们的客户——勾选另一个选项即可。他们的开放和诚实让你觉得这是一个可以信任的品牌。他们肯定是在做对的事情：在写作本书的时候，Basecamp软件被用于管理800万个项目，分布在180个国家的15万家公司。

这不只是我们选择与谁做生意这么简单；我们常常要选择和那家公司打交道的人。正如我们在消费者体验的社会维度所看到的，构建个人关系不仅会建立忠诚，也会建立信任。当我们信任一个人的时候，我们会很乐意放手让他去掌控。能够指定跟我们打交道的人，可以减少完成一项任务所需要付出的努力。当我们真正想做的是和第一个打交道的人交谈时，却要把问题的细节解释给五个不同的人，想想都令人沮丧。问问自己："我们如何让消费者更好地控制与他们打交道的人？"

满足消费者的独特需求，是另一个证明你对他们关心，并往体验中增加个人接触的机会。其实可能很简单，就像从饭菜中去掉某种调料，把东西邮寄到单位而不是家里，或者加班帮他们赶工期。无论如何，在一个通常必须以最适合公司的方式做事的世界里，那些给消费者提供了一定灵活性的体验，会得到更多的赞赏。

控制事物的外观

如今，大量的定制和个性化已经成为现实，赋予了我们对事物的外观前所未有的控制权：我们可以定制从 Zippo 打火机到耐克运动鞋的一切产品，在网上购物时，我们还会收到个性化的推送。定制和个性化广受欢迎，是因为它们提高了我们对如何准确反映自己身份认同的掌控：它允许我们表达自己的个性。我们面临的挑战是要找到折中的办法，避免铺天盖地的选择——选择越多，就必须做得越多，才能使选择可控。

控制事情怎么做

我们购买的每种产品或服务都要满足一个目的。一个产品越符合我们真正的需求，我们选择它的可能性就越大。遗憾的是，就算在一个相对狭窄的领域里，我们的要求也是多种多样的。为了容纳我们所有的奇思妙想，产品的范围不断扩大，结

第十二章 法则九：让消费者处于掌控地位

果导致选择过多。因为我们往往缺乏能力了解哪一种选择最适合我们的需要，最终总是让控制权变得更小，而不是更大。我遇到过很多这样的企业，他们只需要削减产品数量，企业的经营就会好转。

在购买复杂的高科技产品时，情况尤其如此。经常有朋友问我该买哪种数码相机。他们想方设法弄明白各种选择后，还是对自己做出决策感觉不放心，其实就是没有掌控感。当我说帮不了他们的时候，他们总是显得有些沮丧，可问题是我自己也摸不着头脑。几乎每一种技术产品都存在同样的问题。当你查看你提供的产品范围时，试着回答以下问题：

1. 每一种产品或服务能够解决产品线上的其他产品不能解决的特定问题吗？
2. 产品在消费者能够理解的维度上做了明确的区分吗？
3. 产品线上的每种产品或服务之间的差异明显吗？
4. 每种产品的命名对明确其在产品线上的定位有帮助吗？
5. 每种产品或服务的设计是模块化的吗？

每一种产品或服务能够解决产品线上的其他产品不能解决的特定问题吗？

这是个根本性的问题。当出现新的需求，而没有足够的差异来证明其合理性时，不要贸然推出一个全新的产品，只需对已有的产品做些改进即可。

户外装备公司巴塔哥尼亚（Patagonia）的创始人兼老板

伊万·乔伊纳德（Yvon Chouinard）在阐述他的产品设计理念时很好地说明了这一点："在满足功能性需求的基础上进行设计，专注于设计过程，最终会拿出一款优秀的成品。如果没有真正的功能性需求，最终得到的产品尽管看起来可能会很棒，但是在产品线上却很难让它合理化存在——也就是，'谁需要它？'……种类更少一点，设计更好一点。"

产品在消费者能够理解的维度上做了明确的区分吗？

在功能层面上，产品线上的大部分产品在简单维度上是存在差异的：比如尺码、重量、像素或者马力。按照这些维度组织产品线，消费者选择适合自己需要的产品就变得容易多了。此外，让他们每次参照一个参数，选择的过程就会更加容易掌控。

产品线上的每种产品或服务之间的差异明显吗？

下面是索尼笔记本电脑网站上对于两款索尼vaio笔记本电脑的描述，标题是"发现vaio笔记本电脑产品系列"：C系列——"炫彩型号，日常工作和休闲必备"；E系列——"经典型号，日常工作和休闲必备"。如果我们无法简单地区分两个产品之间的不同，我们可能两者都不选。

每种产品的命名对明确其在产品线上的定位有帮助吗？

问你几个即问即答的问题：这些索尼vaio电脑中，哪种是台式电脑，哪种是笔记本电脑：L系列还是T系列？笔记本电脑中最薄的是哪种：Z系列还是S系列？在其网站上，实际的顺序是：T、C、Z、S、E、J、L。显然，他们不是按字母顺序排序的，但也不是按价格、规格或重量排序的。当我查看C系列笔记本电脑时，产品名称变成了VPCCB3P1E。当我们知道产品在产品线上的定位时，选择起来就简单多了。如果产品名称能够明确表明其功能的话，也会对我们的选择有很大的帮助。

每种产品或服务的设计是模块化的吗？

把产品或服务做成像乐高积木那样能进行搭建的小模块有很多好处：在这种情况下，企业和消费者都是赢家。模块化产品允许我们升级单个部件，而无需更换整个产品；如果某个零件出现故障，我们可以修复它，不用像很多现代电子产品一样，把整个产品全部扔掉。它还允许消费者按自己的特定需求配置产品，而且从企业的角度看，它也让产品开发变得更简单，因为这些组件通常都能独立运行。

控制是一种合力

想象一下桌子上有个球，有几种力量作用于它，每种力量的大小和方向都不同。球移动的方向将由这些力量叠加而成的

"合力"决定。消费者感受到的掌控度就像这种合力,而我们讨论过的关于控制的每一个维度——谁、什么、何时以及何地——都会对它产生影响。有时候,这些作用是和谐的,有时候则是对立的。

我们可以通过提供固定月费的方式,让消费者完全掌控自己的支出。这样就设定了明确的期望,每个月的账单都是一样的,同时还有另一个好处,消费者不需要花太多的精力去弄明白账单了;然而,为了让这种做法有利可图,它要求消费者必须选择固定的用途范围:在掌控支出的同时,他们失去了对服务用途的掌控。我们可能决定通过增加颜色选项的数量,来让消费者更好地控制产品如何反映他们的身份,但是,如果我们不断增加选择的数量,压力因素就开始起反作用,整体的掌控感反而会降低。

成功提高消费者的掌控感,不是增加可选项这么简单;它要求在相互角力的需求之间取得完美的平衡。我们必须谨慎地确定优先次序:我们不能期望在不超出可用的时间和预算或者在质量不打折扣的情况下,同时追求所有可用的选项。

金泰迪工作室(Build-A-Bear)

玩具零售商"金泰迪工作室"正好实现了这种平衡,是一个很好的例子。你可以走进他们的商店,为自己制作一个毛绒玩具,或者去那里做一个礼物送给别人。我刚到店里时感觉有点懵:店里的人比我想象中忙碌多了,店员带着孩子们到处

第十二章 法则九：让消费者处于掌控地位

跑，他们显然知道如何把这里做成最有趣的体验。里面看上去选择很多，我不确定该从哪儿入手，此时一个服务员马上过来帮助我。他问我想做什么样的东西，并热情地告诉我能用哪些材料，说他会全程帮助我，直到最后制作完成。我解释说我是利用午休时间出来的，没有太多时间，但是他说不用担心，应该不会超过 20 分钟。

制作玩具熊的过程实际上有清晰的框架，所以真正动起手时，选择并不难。你要通过几个制作站点来完成最终的产品。首先在"选择我"站点选择你想要的公仔样式。

然后移步到"听我说"站点，选择加入熊里的声音模块。为了方便起见，你可以选择预先录制的声音，或者甚至可以录制 10 秒自己的祝福语来播放。我选择了录制自己的祝福语，服务员把我领到商店后面一个安静的地方让我录制。

做完这些，我们移步到"填充我"站点。这里有一台看起来像棉花糖机的巨大机器，你可以看到它把填充料快速旋转进一个滚筒里，滚筒末端有根管子，填充料就从那里出来了。管理这个站点的女孩问我想让这只熊有多结实，我选择让我的熊很饱满，这样它就能自己立起来。这个环节设计高明的地方在于，虽然填充工作需要他们来做，以确保填充料在小熊体内分布均匀，但他们在地板上做了一个很大的踏板，用于控制填充料的流动。他们会让你踩压这个踏板来控制开关，所以，即使你没有亲自做，你仍然觉得自己参与到了其中。虽然对于成年人来说显得有些俗气，他们还是坚持让你给小熊装一颗小小的绸缎心，赋予它生命。

在为你把小熊缝起来之前，他们需要做的另一件事情是，在小熊体内放一个独特的二维码，所以，万一小熊遗失了，它还可以与它的主人重逢。这是对细节的极度关注：孩子们会非常依恋他们的玩具，这显示出与消费者的极大共鸣。小熊基本完成了，我选择了一些配饰——有大量不同的服装和配饰可供选择。最后，我被带到一台电脑前给小熊取名字，并打印出它自己独一无二的出生证明。

事实上，我很享受这次体验：员工们都很棒，最终的结果正是我想要的，最重要的是，整个过程很有趣。所以店里总是人满为患也不足为奇了，父母和孩子们脸上始终洋溢着笑容。

金泰迪工作室的体验如此出色的原因在于，他们在通常对立的力量之间取得了平衡，真正让你感觉自己掌控了最终的结果。选择虽然多得惊人，但是一个结构良好的商店布局，加上友善、助人为乐的店员，使整个过程变得有趣而简单。每个阶段明码标价，让我清楚地知道我的毛绒玩偶要花多少钱。他们也确保那些需要技巧的工作由他们完成，比如最后缝合小熊的针线活，但最后还是让你感觉制作小熊的仍然是"你"。我知道很多人带孩子去了那里，回来时都留下了深刻的印象，玩得很开心。我们的小熊并不孤单：从1997年开业起，他们已经售出了7000多万只小熊，而且在世界各地拥有400多家店。

显然，他们的员工也认为这份工作很好玩。2012年，他们连续第四年出现在《财富》（Fortune）杂志"最佳雇主100强"的榜单里。

小　结

- 消费者不仅想实现目标，他们还想按自己的方式去实现。
- 要创造最好的体验，我们要确保消费者在旅程中的每一步都有掌控感。
- 更多的选择和更多的决策权不一定带来更强的掌控感。
- 不同类型的控制可以相互抵消：我们可以把任务的控制权委托给别人，来获得对我们时间的掌控。
- 我们提供的选择越多，企业负担的成本就越高。
- 我们的目标应该是让消费者掌控改进体验过程中最有效的那些领域，以期最有效地利用预算。
- 消费者想要控制"何时""何地"完成任务，花"多少"钱以及花给"谁"。
- 当谈到产品时，我们希望对产品的外观和功能进行微调，以便最好地反映出我们的身份和目的。

- 控制的每一个维度（谁、什么、何时以及何地）都会影响整体的掌控感。有时候，这些作用是和谐的，有时候是对立的。
- 成功地提高消费者的掌控感不是增加选项那么简单，它要求在互不相让的需求之间取得完美的平衡。

第十三章

法则十：考虑消费者的情绪情感

我们都是自己情感的奴隶，然而又大都从纯理性的角度来看待消费者。在本章我们将探讨如何评估体验的情感因素，将那些被忽略的问题带到表面，并开辟取悦消费者的新途径。

第十三章 法则十：考虑消费者的情绪情感

千万不要忘记，小情感是生活中的大领导，我们在不经意间就对它们俯首称臣。

——文森特·梵·高（Vincent Van Gogh）

导　语

在我孩提时代，索尼就是"酷"的代名词。黄色运动型随身听是20世纪80年代的一个标志，随着时间和科技的进步，我惊叹于他们新推出的各种触摸机，它们只比磁带略大一点。当CD成为音乐播放的主流格式时，我用的就是索尼随声听；我甚至还有一部索尼迷你光碟播放器。手里持有索尼产品，感觉就像掌握了未来的一角，我对索尼的喜爱，几乎没有任何别的品牌能够比拟。遗憾的是，现在拿起一款索尼的产品，感觉就像拿着一段过往。我的电视机是索尼一款相对较新的产品，尽管画质还不错，但是其他方面对我来说很一般。索尼曾经因其品质、设计语言和创新而鹤立鸡群，现在几乎与大部分竞争对手没了区别。

我为这个曾经伟大的公司的现状感到悲哀。据英国广播公司报道，索尼电视机上一次盈利距今已经整整7年了。2012年4月，他们公布了历史上最大的亏损（大约35亿英镑）。大约10000个工作岗位将被裁掉。问题出在哪里？要完全回答清楚这个问题可以写一本书了，但是我认为可以用简单的一句话总结：他们失去了情感诉求。索尼的电视机依然不错，照相机能拍出好照片，笔记本电脑也还可以，但问题在于：没有人会爱上一个仅仅很一般的东西。我们想要的往往是能拨动人心弦的东西。产品、品牌或者服务让我们"感觉"如何，对于它的成功至关重要。

在客户生命周期的所有阶段，这些感觉都发挥着核心的作用。刚开始，我们希望消费者选择我们的产品而不是竞争对手的；所以，最重要的是要让第一印象产生正确的感觉。我们还希望产品和服务在使用时能产生积极的感受：仅靠那些令人眼花缭乱的市场营销活动是不够的，产品的表现也必须亮眼。最终，我们希望人们对品牌形成一种"情感依恋"，这样他们就会继续从我们这里购买，并与其他人分享正面的体验。

要实现这一点，我们必须认真考虑：在消费者体验的各个阶段，我们希望唤起哪种特定的情感。同时，我们必须从一开始就接受这个观点：情感诉求不是为了替代功能上的卓越，这不是一个要头还是要心的问题，而是二者都要。很多企业失败了，因为他们推出的广告虽然精美，但是产品却没有达到要求。这就产生了相反的结果，形成了一种最强大的负面情绪：失望。

为什么考虑消费者的情绪反应很重要？我们有3个理由：

第十三章 法则十：考虑消费者的情绪情感

1. 情绪能够产生特定的"行为倾向"，所以，为了鼓励（或者阻止）某种特定的行为，我们可能需要激发（或者避免）某些特定的情绪。

2. 在消费者体验的每个阶段设定一个目标情绪状态，让工作有的放矢，为设计过程带来共鸣和专注。

3. 由于情绪通常是可以观察到的，我们可以将它们纳入测试中，验证我们的工作，找到改进的机会。

情绪行为倾向

不同的情绪会导致不同的行为倾向，所以，通过主动地避免或促进特定的情绪状态，我们可以鼓励某些行为。当我们在朝着一个目标迈进的过程中受阻时，通常会产生愤怒的情绪，此时，我们倾向于投入更多的精力来达成这个目标。被激怒时我们不仅不会放弃，反而会更加努力。这对消费者体验很具有启发意义：厌烦和失望可能会让我们抱怨，但是，愤怒则会促使我们采取法律行动或者在社交媒体上进行差评。

焦虑是另一种带有很强行为倾向的情绪：它会让我们停下手里的工作，对周边的环境更加警觉。这也会对消费者体验产生很大的影响，尤其是在网购的时候。如果我们在结账过程中对安全性产生了怀疑，或者不太确定产品是不是买对了，我们可能会在最后一刻放弃。这就是为什么网上零售商会尽一切努力消除结账流程中的压力源：流程的每一步都会清除所有可能的干扰，提供清晰明了的反馈。零售商们都会尽最大的努力来生成一个看起来非常专业和可靠的界面。

> **Photojojo——兴趣＝探索**
>
> 　　网上摄影配件店 Photojojo 的产品详情页有一个与众不同的功能。在产品的大图旁有一张手柄图片，下面配有"不要拉"的文字提示。显然，看到这张图片，你的第一反应就是点击它，此时，一只卡通手从屏幕的顶端伸下来，抓住页面往上拉，显示出隐藏在页面折叠下方的产品细节。这是一个很好的例子，说明了某种特定的情绪（兴趣）能鼓励特定的行为（探索）。这也为购物体验注入了一些乐趣。

　　不要让这些行为倾向成为偶然。问问自己："我们希望用户采取什么行动？哪些情绪会阻碍或鼓励这些行为？如何促进或避免这些行为？"

第十三章　法则十：考虑消费者的情绪情感

定义情感的成功标准

本书迄今为止的内容里，我专门讲述了如何将消费者体验分解成最简单的元素。针对这种简化方法的一种批评是，通常整体并不等于各部分的总和。我们可能抓住了每一个细节，但是最终得到的是所有细节的集合，而不是一个有机、紧密结合的整体。我们可能无法明确地指出缺失了什么，但有时候一个产品就是感觉不对劲。

> ## 迈凯伦（Mclaren）——太过于"冷淡"
>
> 正如他们在网站上骄傲地宣称："迈凯伦汽车公司有一个非凡的愿景：生产世界上最伟大的超级跑车。一个充满激情和执着的团队，从我们的全球零售商网络到迈凯伦生产中心的工程师，我们致力于提供极致的消费者体验。"
>
> 当记者终于把双手放到期盼已久的 MP4－12C 上时，心里怀着很高的期望：它承诺了惊人的速度，至高的驾乘品质和日常使用包的处置。尽管迈凯伦在所有这些方面都做得很好，但它还是遭到了几乎一边倒的批评。

> 据《汽车》（Autocar）杂志报道，它缺乏与其速度相匹配的"隆重感"；"它的造型未能让人热血沸腾"，它"触感冰冷"而且缺乏"听觉上的刺激"。做个小结，《Evo》汽车杂志说它"缺少了情感张力"。为回应这些批评，迈凯伦在上市前做了大量的改变，决意提高车子的"情感诉求"——其中还包括有趣的排气声。
>
> 对我来说，这个例子充分说明了从一开始就考虑产品情感诉求的价值，尤其当购买从根本上说是一种感性行为的时候：花16.85万英镑买一辆车，是一个来自内心而不是大脑的决定。当汽车投入生产时，可以做的就很少了：它不可能被重新设计来创造更多的视觉效果。它还显示了在产品上市前测试消费者情绪反应具有明显的价值，以确保产品恰到好处。

在体验的某个阶段，我们希望消费者产生怎样的"感受"，必须有个清楚的认识，并以此作为贯穿整个设计流程的参照点：我们需要确定情感的成功标准，以对应功能上的标准。想清楚了这点，会让你在竞争中遥遥领先。这并不总是那么简单，但是如果可以的话，试着识别出特定的情绪，比如在顾客首次打开产品包装时，我们或许可以在设计中加入"正面惊喜"的元素。在消费者必须吸收大量信息的情况下，最好让他们处于放松状态，以便能清晰地思考。对于消费者旅程的每个阶段，问问自己："此时消费者应该产生怎样的感受？"

为了帮助以这种方式构建体验，我在下面提供了适用于体验的常见的正面和负面情绪列表。

强　度

情绪的存在，一定程度上是为了吸引我们对环境中某种刺激的关注，所以我们越是强烈地感受到某种情绪，我们就越无法集中精力做其他事情。

表13.1　适用于消费者体验的常见情绪列表

负面情绪	正面情绪
愤怒	接受
恼火	赞赏
焦虑	惊叹
不安	期望
厌倦	平静
失望	愉快
反感	激动
分心	兴趣
怀疑	高兴
尴尬	自豪

续表

负面情绪	正面情绪
沮丧	轻松
忽视	满意
后悔	吃惊（正面）
吃惊（负面）	信任

这个被称为"激发"的情绪维度，是设计消费者体验时需要考虑的关键因素。在某个特定阶段，最佳的体验可能就是没有任何明显的情绪，以便我们能专注于一项任务，比如填写复杂的表格，或者首次设置一款产品。在考虑消费者旅程某个阶段的情绪因素时，问问自己："情绪的强度水平是否适合消费者必须完成的任务？"

从孩提时代起，我就一直很喜欢音乐，我的老师一直强调"活力"对于节目表演的重要性。改变音符的音量和感觉，能为音乐注入活力。我们可以用这种方式来考虑消费者体验，在特定的时间点上改变情绪的性质和强度，从而在消费者旅程中创造"惊喜时刻"。问问自己："我们怎样通过改变情绪及其强度来创建更吸引人的体验？"

> 《盗梦空间》（*Inception*）——一场情绪的盛宴
>
> 最近几年的电影中，我想不出有哪几部能够达到像克里斯托弗·诺兰（Christopher Nolan）的代表作《盗梦

第十三章 法则十：考虑消费者的情绪情感

空间》那样的期待和话题水平。预告片完美地发挥了作用，以令人惊叹的视觉效果和震撼人心的音乐把观众吸引住，但它只是暗示了情节的复杂性；没做任何剧透，通过一系列看上去毫不相干的强烈而神秘的场景引发观众的兴趣。在整部电影中，情节的错综复杂为观众留下了种种悬念，最终的结局留给观众自己去解读。影评人乔·纽梅尔（Joe Neumaier）在《纽约每日新闻报》（*New York Daily News*）上发表文章说："《盗梦空间》将成为电影界的魔方——观众对它根本无法释怀……《盗梦空间》成为谈资的原因在于，人们想与看过这部电影的同事们一起找出真相，而这也让没看过这部电影的人好奇这到底是怎么回事。这有助于刺激票房销售。"他没有说错：《盗梦空间》成为票房冠军，全球院线票房总收入超过8.25亿美元。

消除负面情绪

情感体验的挑战不仅是激发正面情绪，同时也要避开负面情绪。愤怒、厌倦或者失望都是能毁掉消费者体验的几种情绪。每次我看到出现在社交媒体上的那些品牌时，内心总是本能地产生负面情绪。评估消费者旅程中某个阶段的情绪因素时，问问自己："什么情况会造成负面感受？我们怎样才能防止这些问题的出现？"

消费者很可能在某种强烈的情绪状态下与企业产生互动。假设他们丢失了钱包，想要联系银行挂失信用卡。这时，消费者很可能心烦意乱、愤怒、焦虑而且无法专心。这种互动要想取得成功，不仅要让他们完成手头的任务——挂失信用卡，还要降低他们的情感强度，把他们推向正面的情绪状态中，比如"接受"和"信任"。

由于这种互动风险很高，任何情绪反应都可能被夸大：让消费者冷静、告诉他们坏消息——"您的新卡要在 14 个工作日后才能取到"，很可能把他们推向更强烈的情绪状态中，从恼火到愤怒，或者从愤怒到怒不可遏。然而，这也为产生更积极的正面情绪提供了绝好的机会：信任可能变成赞赏，吃惊可能变成惊喜。如果他们的电话马上就接通了，哪怕是在晚上打的，而且说次日就可以在任何网点拿到新卡，这样会觉得非常惊喜。从情感的角度设计体验，不仅会与消费者产生更多的共鸣，也有助于发现新的机会。

第十三章 法则十：考虑消费者的情绪情感

> **飞利浦"理性者"（Rationalizer）设备——交易员的情绪镜子**
>
> 飞利浦公司与荷兰银行（ABN-Amro）合作，设计了一款名为"理性者"的概念产品，这是一种针对在家进行网上交易的严谨投资人的情绪感应系统。"理性者"由两部分组成——用于监测使用者压力水平的"情绪手镯"，以及作为情绪镜子的"情绪球"，这是一种装饰，随着情绪由弱变强，上面的光线也从淡黄色变成深红色。为什么这样设计？据飞利浦公司所说："研究证明，居家投资人的行为不是纯理性的：其行为深受情绪的影响，最明显的是恐惧和贪婪，这会让他们采取客观、实事求是立场的能力大打折扣。这一观点导致了'理性者'的出现，当明智的做法是暂停、冷静下来并重新考虑自己的行为时，'理性者'会发出警示以提醒网络交易员。"

根据法则追踪情绪

我们在消费者旅程中体验过的大部分情绪，都可以直接追溯到本书已经讨论过的那些法则上：这些法则执行得越好，情绪反应就越强烈。比如，"信任""吃惊""失望""后悔"和"接受"，全都取决于我们的期望。"沮丧""愤怒""兴趣"和"满意"，全都取决于我们的目标。表13.2和表13.3给出了消费者体验中最常见的几种情绪，以及它们如何与已经讨论过的其他话题联系起来。

表13.2 消费者体验中常见的负面情绪及起作用的法则

负面情绪	起作用的法则
愤怒	追求一个"目标"受阻后出现。也可能是由不准确的"期望"和失去"控制"引起的
恼火	强度略低于愤怒，当追求一个"目标"不顺利或者完成一项感觉很"费力"的任务时出现
焦虑	与"压力"关系紧密
不安	这种不确定性与"压力"因素有关，尤其与"能力"以及过多的选择有关
厌倦	当缺乏进展或刺激的时候出现。可以追溯到"任务所需的时间"，取决于"费力"的程度
失望	"期望"未能达成时的感觉
分心	分心是"压力"的一个组成部分
怀疑	与不确定的"期望"和"压力"因素有关，尤其是"反馈"不及时的时候
尴尬	会破坏"社交愉悦"。也与"能力"有关
沮丧	一般在朝着"目标"前进受阻时出现，通常是由"错误"引起的
忽视	感到被忽视是对"社交愉悦"的一种破坏
后悔	没有达成"期望"时的一种强烈的失败感
吃惊（负面）	"期望"没有达成时出现

第十三章 法则十：考虑消费者的情绪情感

表 13.3 消费者体验中常见的正面情绪及起作用的法则

正面情绪	起作用的法则
接受	当"期望"准确设定时出现
平静	在没有"压力"的情况下能感受到
高兴	与"满足"和"超出预期"紧密相关
激动	高度兴奋的状态，通常是期盼已久的，与"期望"紧密相关
兴趣	我们对那些有助于我们达成"目标"的东西感兴趣，它们是快乐之源
自豪	与"社交愉悦"（身份）以及"掌控"感紧密相关
轻松	在没有"压力"的情况下能感受到
满意	当"目标"实现时出现
吃惊（正面）	当"期望"被超越时，会出现惊喜
信任	取决于持续满足的"期望"

当我们发现一个品牌或产品带来强烈的正面情绪反应时，通常是因为我们讨论过的这些法则结合在一起并相互强化。为了产生强烈的情感反应，不同的法则必须协同工作。相反，当缺乏明显的情感诉求时，可能是因为没有考虑某个特定的法则，也可能因为各个法则之间相互冲突：复杂的感觉无法促成行动。这可能很简单，比如在减肥时不吃甜甜圈，或者出于道德原因放弃某个品牌，即使我们很喜欢这些产品。对于消费者旅程中的某个特定阶段，如果你发现必须竭力激发或避免某种特定情感，那么你必须确保将工具箱里的所有东西结合起来，

以促使它发生。

> **铂傲 B&O（Bang & Olufsen）BeoSound 3000 型光碟播放机——惊喜！**
>
> 我清楚地记得第一次看到这款光碟播放机时那种惊讶的感觉。光碟机的玻璃舱门是自动感应的，当你向它伸出手时，门会像变魔术一样滑开。我家里有一台，它总是让我的朋友和他们的孩子们着迷。当舱门魔术般地打开，他们的脸上都会露出惊讶的表情。正面惊喜的感觉由几种法则相互作用而产生。所有的惊讶从定义上来说都是意外的，所以，很显然是"期望"在起作用，但这还不足以让它成为正面的感觉。正面的感觉来自于看着门非常精准地滑开所带来的感官愉悦，以及用如此简单的动作就能控制高科技的那种感觉。我认为它还柔化了设备的个性：看到如此光滑、冰冷而且棱角分明的东西，以这样一种有趣的方式被赋予了生命，增加了"惊喜"的内涵。但是，有一件事并不令人意外：这种特定的模式被认为是工业设计的标杆，从1994年至2006年间，尽管我们经历了令人眼花缭乱的科技变革，但它一直以各种不同的表现形式在生产。

第十三章 法则十：考虑消费者的情绪情感

测试情绪反应

我们可以尽力设计一种互动来激发特定的情绪，但是为了确保做到这一点，我们需要测试消费者的体验，看它是否能引发恰当的情绪反应。幸运的是，情绪一般可以通过我们的面部表情和声调变化很容易观察到。在测试过程中，要留意所有可以察觉到的情绪反应，并找出是什么刺激了这种反应。这种测试非常有价值，尤其在消除消费者的负面反应时，他们可能不会在口头反馈中表达出来。

> **Silverback——可用性测试软件**
>
> 在测试网站和软件方面，这个伟大的产品对我来说是无价之宝。它不仅能捕捉用户在屏幕上的操作轨迹，他们移动鼠标的位置以及他们输入的内容，还可以利用安装在手提电脑上的网络摄像头，捕捉用户在操作期间的面部表情。通常，消费者的面部视频比他们与电脑之间的实际互动更能透露出他们的想法，显示出他们的沮丧、困惑、高兴和兴趣。在一个项目中，只有当向公司的首席执行官展示用户对其产品的情绪反应时，他才承认问题的存在。

法拉利（Ferrari）——80%的测试是为了"给汽车赋予灵魂"

不提到法拉利，有关品牌和产品的情感讨论就不可能完整，这个品牌可能是所有类似品牌中最令人念念不忘的。有人把拥有一台法拉利当作成功必不可少的标志，而对于某些人来说，它则是意大利天才的终极表达。然而，对于更多的人来说，驾驶体验和赛车血统才是诉求的根源。有一点是肯定的，在很多人心目中，法拉利满足了一切要求并从中受益：这匹跃马在汽车收藏家和F1赛车的狂热爱好者中形成了极高的忠诚度。2012年5月，一辆1962年的法拉利250GTO以2270万英镑的价格售出。法拉利自己也敏锐地意识到，他们的成功依靠的是情感诉求。法拉利试车员拉斐尔·德·西蒙的评论很能说明问题："我的工作是测试汽车，并给出主观评价……这是让法拉利与众不同的地方：不要只相信数字，因为我们出售的是情感，不是数字……我们的测试工作只有大约20%关注在性能上……我们需要打造传递情感的汽车……我们打造感觉、打造触感——包括皮革的气味、排气管的噪声、换挡时的加速度……这些是我在测试中花80%的精力关注的事情，将灵魂赋予汽车。这并不容易。这比跑得快要难多了。"

第十三章 法则十：考虑消费者的情绪情感

不要害怕激起强烈的反应

很少有产品具有普遍的吸引力，即便是最成功的产品也有诋毁者。事实上，一个品牌越成功，它对某些人的吸引力就越小。他们需要表达自己的个性，意味着他们不能忍受任何具有大众吸引力的东西。很有可能当你提高了品牌或产品的情感诉求时，你也会激怒诋毁者。不要担心这个问题。记住，你是在为喜欢你品牌的人做产品。专注于让他们满意，他们将通过自己的热情，为赢得别人的认同而不懈地努力。要有信心，你不可能总是让每个人都满意。

> **卡骆驰（Crocs）——爱它还是讨厌它**
>
> 很少有品牌像卡骆驰那样得到截然对立的评价。对于这个塑胶鞋品牌，人们似乎自然地分成两个阵营，不是喜爱，就是讨厌。不喜欢的人有两个理由：他们说洞洞鞋看起来很丑，他们不认同穿洞洞鞋的人。如果你年轻又时尚，运动时却穿着跟你妈妈打扫院子时穿的一模一样的鞋，当然不会显酷。此处的情感反应是由两条相互强化的法则引起的：消费者的身份与产品不匹配，视觉设计促进了负面情绪。

> 然而，也有大量的人真心喜欢它们。他们说这种鞋穿着很舒适，喜欢它明亮的色彩，而且对它的实用设计带来的现实好处赞不绝口。对于卡骆驰爱好者来说，他们的情感反应是由感官愉悦和满足他们实际需要的鞋子共同促成的——它满足了他们的目标。对于那些讨厌卡骆驰的人来说，这里有个坏消息：卡骆驰2011年的全球销售额达到了10亿美元，在全球90个国家卖出了1亿多双。

情感依恋

几年前，我花了三个月时间去日本、澳大利亚、新西兰和库克群岛旅行。我想摆脱事务的烦扰，同时也想提高一下摄影水平。我想，置身于世界上最美的景色里，没有日程安排，只是拍照，应该会是一次奇妙的、沉浸式的体验，结果确实如此。

我真的想提高自己的摄影技术，所以在出发前卖掉了数码相机和镜头，购买了一台老牌哈苏（Hasselblad）V系列胶片相机，心里想着它应该能逼着我有所长进。摄影这门"手艺"一直很吸引人的地方在于：取回胶片，看到正确曝光的影像带

第十三章 法则十：考虑消费者的情绪情感

给我们的满足感，要远比从电子取景框拍摄，在相机背面的屏幕上查看照片，然后保留下最好的那一张获得的更多。

我发现操作这台照相机绝对是种乐趣：快门有一种独特的、令人踏实的"咔嚓"声，明亮的取景器可以让你拍摄所有场景，当你拿起相机时，你就能感受到它的质量。不像现代相机，它只能为你拍照，哈苏把一切都交由摄影师掌控：你只有快门速度和光圈控制，以及一个拍摄按键。它甚至没有测光表来帮助你设定曝光。这让整个拍摄过程更加有趣，也更富有成就感。

旅行期间，这架相机无论被撞得多厉害，它都能完美地工作，正如所有用过这款相机的人证实的那样，它拍摄出来的照片质量令人惊叹。最后，或许也是最重要的，在旅行途中，相机成了我的一部分。我成了哈苏以及它们所代表的一切东西的超级粉丝。我并不孤单：哈苏 V 系列深受大家喜爱，而且自 1948 年以来一直在持续不断地生产。作为一款中型相机，它受欢迎的程度几乎无人能及。在我拥有的东西中，这部相机是我最眷恋的。也正是在本次研究中，我才意识到我使用哈苏的体验，完美结合了本书中的所有法则。

对一个品牌、产品或服务产生情感依恋，是对美妙的消费者体验的终极验证，也是对我所信奉的那些体验设计法则的终极表述。为实现这个目的，我们必须把所有讨论过的法则组合起来：品牌必须反映消费者的价值观和身份认同；产品必须满足我们的期望并完美地达成目标；与企业之间的每一次互动必须尽可能愉快。

小　结

- 产品、品牌或服务带给我们的感觉，对它的成功至关重要。
- 情绪会产生特定的"行为倾向"，所以为了鼓励（或者阻止）某种特定的行为，我们可能需要激发（或者避免）某些特定的情绪。
- 在消费者体验的每个阶段设定一个目标情绪状态，能为我们的工作提供方向，为设计过程带来共鸣和关注。
- 由于情绪通常很容易观察到，我们可以将它们纳入测试，以验证我们的工作，或找到改进的机会。
- 我们不仅需要激发正面的情绪，还要主动避开负面的情绪。
- 在考虑体验的情感问题时，我们必须考虑情感的强烈程度如何影响注意力的集中。
- 消费者体验到的大部分情绪，都可以追溯到本书的其他法则：信任、吃惊、失望、后悔和接受，全都取决于我们的期望。
- 要产生强烈的情感反应，我们必须有效地组合这些法则。
- 情感依恋来自于对本书中所有法则的成功应用。

第十四章

综合在一起——苹果公司（Apple）的消费者体验

在撰写本书的时候，我曾有点固执地暗下决心，不采用苹果公司作为例子来说明任何问题。我觉得那样做是偷懒，甚至有些无聊；还有很多其他企业也提供了可供我们学习的精彩的消费者体验，但是它们还没有获得同等水平的知名度。

第十四章　综合在一起——苹果公司（Apple）的消费者体验

作为一名设计师，苹果公司是福也是祸，这都源于他们那令人无法回避的影响力。设计工作和客户会议都由他们主导，哪怕这个行业与消费类电子产品没有任何关系。当苹果公司发布可在 iPod 上滑动音乐作品的"Coverflow"系统时，我合作的所有客户都开始要求在他们的网站上使用"Coverflow"界面。哪怕它在网页环境下使用起来不那么流畅（苹果公司自己也没有在他们的网站上使用）也没关系，反正这就是他们想要的。在最近一次会议上，与客户讨论关于提供一种更好的店内体验，负责这个项目的设计师花了大部分报告时间来谈论苹果公司的"天才吧"（Genius Bar）以及它有多了不起。现在，以用户为中心的设计比以苹果公司为中心的设计要少得多。如果我有办法，我会禁止在任何有关项目的设计讨论会上提及他们，以尽量开阔人们的视野。

然而，考虑到本书的写作背景，在这些领域内无视苹果公司的存在，可能会使他们深受伤害。简而言之，在对我所倡导的这些法则的实际运用上，没有哪家企业做得比他们更好，而且也没有哪家企业能更好地说明，对消费者体验的不懈关注也能够带来成功。在本书的写作过程中，苹果公司是世界上最有价值的企业。

所以毫不奇怪，世界上最有价值的企业也拥有世界上最有价值的品牌。苹果公司培养出了一批忠实的追随者。每当新产品上市的时候，很多狂热爱好者从四面八方赶来，昼夜驻守，只求成为首个拿到新产品的人。消费者认为苹果产品新颖、现代、高科技而且很酷。它们被视为领导者而非追随者。在消费电子领域，很少有谁能与之争锋。正如一位评论家所说："我们没有看到有人在身上做一个三星的纹身。"

尽管苹果公司的市场营销常常与产品一样受到称赞，但是其品牌价值是通过不断创造比他们的直接竞争对手更好的产品和服务来实现的，而不是培育某个特定的形象。我不认为iPod或者iPhone只对某些特定人群产生吸引力：这些都是普遍适用的产品。

尽管许多企业比以往任何时候都更热衷于将消费者纳入产品开发，但是苹果公司却坚定地坚持内部导向，我认为这是他们成功的关键。在一次采访中被问到苹果公司怎么知道消费者会想要他们的产品时，设计总监乔纳森·伊夫爵士回答说："我们不会专注于某些人群，那是设计师的工作。在今天的环境下，要求那些对明天的机会没有任何意识的人进行设计是不公平的。"这是一个竞争对手可以通过效仿苹果公司以做得更好的领域。他们同样出名的是对某些事说"不"以及不理会消费者的要求，因为他们是为了提高技术水平，就像他们拒绝在移动设备上支持二维动画软件Adobe Flash一样。这并不是苹果公司从消费者手里夺走控制权的唯一领域：众所周知，iPod在使用上非常受限，只允许内容从一台电脑流入设备，并且所有提交到应用商店里的应用程序，在上架出售前都必须按照严苛的标准进行检测。既然苹果公司在内容上占据了主导地位，毫无疑问，我们将会看到一场激烈的争论：对于我们能或不能在他们的设备上看到什么内容，他们成为裁决者到底对不对。

苹果公司对细节的关注是严苛的，我个人最欣赏的是笔记

第十四章 综合在一起——苹果公司（Apple）的消费者体验

本电脑前端闪烁的小灯，关闭盖子时，它看起来像在睡觉似的。这是一个很小的细节，但它确实赋予了这台笔记本电脑一些个性。这种关注被延伸至整个消费者旅程中，从零售体验、开箱、产品使用直至所有的售后服务环节。

很少有公司能做到苹果公司的这种程度，把产品和服务尽可能打造得用起来毫不费力也没有压力，只有把消费者旅程看成一个有机统一的整体，而不是一个个相互独立的功能才可能做到这样的水平。苹果 iTunes 音乐商店上线后，人们可以轻松地在线购买音乐，将它添加到播放列表中，并将内容同步到 iPod 上。同样，iPhone 上体贴入微的备份和恢复功能意味着，如果你丢失或者升级你的手机，你只要接通电源，几分钟后就能让你的新手机与旧手机完全一样。在苹果公司进入市场之前，要将联系人从一台设备转移到另一台设备，大部分人只能将它们复制到手机 SIM 卡上或手动重新输入。

将苹果产品的范围与其竞争对手的产品范围进行比较，可以看出缩小产品范围的价值：选择最适合你需求的产品会变得轻而易举。在写作本书的时候，苹果笔记本电脑有两个基础型号：MacBook Air——小而轻便；以及 MacBook Pro——结实耐用。每种机型有两种屏幕尺寸供选择。或许更让人印象深刻的是，他们的手机只有一种型号，但是在撰写本书时，它们在美国智能手机市场占有的份额为 44.9%。

苹果产品的感官体验往往最受好评：从最初的彩色 iMac，到后来精心设计的极简主义代表，苹果公司一直都在设计让感官愉悦的产品。不像竞争对手那些难看的"米黄色盒子"（旧式台式电脑），苹果电脑摆在起居室里也足以让人引以为豪。随着 iPhone、iPod Touch 以及 iPad 的出现，苹果公司将手势触摸式界面从科幻变成了主流现实，但是他们更值得称赞的地方在于，如何使这些设备让那些有感官障碍的人也能使用。他们的手机盲人完全可以使用，有一个"VoiceOver"（语音辅助程序）的功能，它可以读出用户触碰的任何导航项上的标签。他们甚至把这项功能延伸到照相应用上：如果你打开"VoiceOver"，然后启动相机，对准一个人，当目标进入取景框时它就会告诉你。我试了一下，它说："一张脸。大脸。居中。自动对焦完成。"然后我双击拍照。

几年前，我的一个朋友安迪给我发了条消息，说他苹果电脑上的一些软件出了问题。在故障纠正失败后，他决定试着给斯蒂夫·乔布斯发封邮件，告诉他自己遇到的问题。第二天，他收到了来自产品部门主管的回复，询问他的位置，说要派一位该软件的开发人员从加利福尼亚飞到他家里（英国利物浦），帮助他解决这个问题。这是一个极端的例子，但是当我向朋友们询问杰出的消费者服务的例子时，苹果公司被提到的次数最多。在这个大多数人似乎都想斤斤计较的世界里，苹果公司的员工似乎都希望消费者离开"天才吧"时，能随身带走运行正常的产品，让自己感觉宾至如归。

乔纳森·伊夫爵士在获得爵位后接受了英国广播公司的采访，关于他们公司目标的说法对我们很有启发："尽可能设计出最好的产品……在整个公司，我们都非常专业，非常专注而且非常明确——这就是我们的目标……如果我们做到了，那么

第十四章 综合在一起——苹果公司（Apple）的消费者体验

就会取得丰盛的成果。人们会喜欢这些产品，他们很可能会买这些产品，然后我们就会赚到钱……我们的目标不是赚钱，而是尽我们所能开发出最好的产品。"这是我们大家都渴望去做的事情。

第十五章

最后的想法

第十五章 最后的想法

从一开始,本书的写作就秉持着这样的精神:对这个多年来让我收获良多的职业有所回报;然而,我也相信,我所探索的这些法则,除了消费者体验这个最直接的领域外,也能为其他领域带来帮助。比如,如何利用它们来创造更有价值、更愉快的工作环境?我还发现,企业和消费者的关系与政府和公民之间的关系存在很多相似之处。政府如何利用这些法则以一种有意义的方式来改善公民的生活质量?有朝一日,我们能经历一种普通人都能理解的税收制度吗?从基本层面上说,我们都紧密团结在消耗地球资源的阵营中。我们如何利用这些法则以尽量减少对原材料或食物的浪费?这些问题不仅是消费者的责任,也是设计者的责任,我相信这些法则在这方面也有很大的贡献。

最后,感谢你购买并阅读了这本书。如果你对本书有任何意见、问题或者反馈,无论是好是坏,我都希望能收到你的来信。无需犹豫,请发邮件至 mw@mattwatkinson.co.uk。